乡村振兴背景下"四好农村路"高质量发展水平评价方法研究

梁仁鸿 孙 杨 贾 皓 张 晨 ◎著

XIANGCUN ZHENXING BEIJING XIA
"SI HAO NONGCUN LU"
GAOZHILIANG FAZHAN SHUIPING PINGJIA FANGFA YANJIU

人民交通出版社
北京

内 容 提 要

本书以"四好农村路"为研究对象,从"四好农村路"高质量发展内涵出发,总结了我国"四好农村路"发展现状及各地实践探索典型做法,在此基础上提出"四好农村路"发展水平评价指标体系。本书在梳理常用评价方法的基础上,对我国"四好农村路"发展水平进行了实证研究。为了保障农村公路实现高质量发展,本书从顶层设计、治理能力、模式方法、长效机制等方面提出了相应的对策建议。

本书可为政府部门制定农村公路发展政策提供参考,也可供相关规划、设计、科研、咨询等单位参考使用。

图书在版编目(CIP)数据

乡村振兴背景下"四好农村路"高质量发展水平评价方法研究 / 梁仁鸿等著. — 北京:人民交通出版社股份有限公司, 2025.1. — ISBN 978-7-114-19914-1

Ⅰ. F542.3

中国国家版本馆 CIP 数据核字第 2024ZJ9662 号

书　　名:	乡村振兴背景下"四好农村路"高质量发展水平评价方法研究
著 作 者:	梁仁鸿　孙　杨　贾　皓　张　晨
责任编辑:	刘　洋
责任校对:	赵媛媛　刘　璇
责任印制:	张　凯
出版发行:	人民交通出版社
地　　址:	(100011)北京市朝阳区安定门外外馆斜街 3 号
网　　址:	http://www.ccpcl.com.cn
销售电话:	(010)85285857
总 经 销:	人民交通出版社发行部
经　　销:	各地新华书店
印　　刷:	北京科印技术咨询服务有限公司数码印刷分部
开　　本:	787×1092　1/16
印　　张:	6
字　　数:	88 千
版　　次:	2025 年 1 月　第 1 版
印　　次:	2025 年 1 月　第 1 次印刷
书　　号:	ISBN 978-7-114-19914-1
定　　价:	68.00 元

(有印刷、装订质量问题的图书,由本社负责调换)

作者简介

梁仁鸿　1986年9月出生，工学硕士，交通运输部科学研究院副研究员，主要从事城乡交通运输一体化、运输结构调整、交通信息化等领域的研究工作。近年来，主持或参与交通运输领域课题40余项；荣获中国公路学会一等奖3项、二等奖3项、三等奖1项，中国交通运输协会一等奖1项，中国工程咨询协会一等奖1项；主持完成计算机软件著作权20余项，发表学术论文10余篇，主持完成专著3部。主要研究成果有"预约响应型农村客运服务规范研究""交通运输发展指数构建方法研究""河北省综合立体交通网规划实施及保障措施研究""江西省'四好农村路'高质量发展研究""河南省智慧公路大数据应用技术研究"等。

前 言

农村公路是我国公路网的重要组成部分，是广大农村地区重要的基础设施，是保障农民群众生产生活的基本条件，对实施乡村振兴战略具有先行引领和重要的服务支撑作用。党的十八大以来，全国农村公路经历了以适应全面建成小康社会为导向，以乡镇、建制村通畅工程为重点的大规模建设与发展阶段，农村公路在覆盖范围、通达深度、通畅水平、服务能力等方面显著提高，农村交通运输条件明显改善，农民群众"出行难"问题得到基本解决，为打赢脱贫攻坚战发挥了巨大作用。

截至2022年底，全国农村公路里程已达453万km，具备条件的乡镇和建制村通硬化路、通客车目标全面实现，已基本形成遍布农村、连接城乡的农村公路网络。与此同时，随着农村公路建设规模不断增长，涉及范围十分广泛，农村公路在管理、养护方面存在的短板问题日益显现。为切实解决"四好农村路"工作中管好、护好的短板问题，加快建立农村公路管理养护长效机制，国务院办公厅印发《国务院办公厅关于深化农村公路管理养护体制改革的意见》，旨在建立权责清晰、齐抓共管的农村公路管理养护体制机制，形成财政投入职责明确、社会力量积极参与的格局。

随着农村公路建设规模的快速增长，我国"四好农村路"的发展方向将逐步从会战式建设向集中攻坚转变，从仅注重通车里程增长向提升服务质量及安全水平转变，从以建设为主向建管养运协调发展转变,从适应发展向引领发展转变。与城市道路相比,农村公路网具有涉及地域范围大、人口分布不均等特点,这就要求对"四好农村路"的发展要有系统性的认识,将农村公路导向可持续发展的轨道。开展"四好农村路"发展水平评价方法研究有利于支撑乡村振兴战略的实施,也是主管部门深化供给侧结构性改革,进行行业决策的必要手段,因此,开展"四好农村路"发展水平评价方法研究正当其时。本书作者对农村公路领域进行了长期的跟踪研究,开展了大量科研工作,结合取得的科研成果,整理形成此书。

本书梳理各地在推动农村公路实现"四好"发展主要经验做法的基础上,总结我国"四好农村路"发展现状及问题,研究"四好农村路"与乡村振兴的相互关系,分析《交通强国建设纲要》《国家综合立体交通网规划纲要》对"四好农村路"发展的相关要求,阐述"四好农村路"高质量发展的内涵和发展特征。系统构建"四好农村路"评价指标体系,对"四好农村路"发展水平进行实例测算。为保障"四好农村路"实现高质量发展,本书最后从建设、管理、养护、运营四个维度研究提出发展的对策建议。本书的撰写得到了交通运输行业专家学者和广大同人的点拨和鼓励,他们的贡献和智慧为本书增色不少,在此一并表示最衷心的感谢。

由于水平有限,编写时间短促,未尽之意颇多,如有纰漏之处,诚望各位领导、各界专家和广大读者不吝赐教。

编著者

2024 年 7 月于北京

目 录

1 我国"四好农村路"发展现状　　　　　　　　　　　　1

   1.1　现状分析　　　　　　　　　　　　　　　　　　3

   1.2　实践探索　　　　　　　　　　　　　　　　　　9

   1.3　存在问题　　　　　　　　　　　　　　　　　　18

2 我国"四好农村路"高质量发展内涵与特征研究　　　　23

   2.1　"四好农村路"与乡村振兴的关系　　　　　　　25

   2.2　"四好农村路"发展与中国式现代化发展的关系　28

   2.3　"四好农村路"高质量发展内涵　　　　　　　　31

   2.4　"四好农村路"高质量发展特征　　　　　　　　32

3 我国"四好农村路"发展水平评价方法研究　　　　　　35

   3.1　评价指标选取原则　　　　　　　　　　　　　　37

   3.2　评价指标体系构建　　　　　　　　　　　　　　39

   3.3　评价方法研究　　　　　　　　　　　　　　　　45

4 "四好农村路"高质量发展水平评价分析　　　　　　　57

   4.1　基础数据整理　　　　　　　　　　　　　　　　59

   4.2　基础数据标准化　　　　　　　　　　　　　　　59

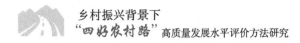

  4.3 评价指标权重计算 61
  4.4 求解关联系数矩阵 61
  4.5 发展水平评价值测算 63
  4.6 发展水平评价结果分析 65

5 "四好农村路"发展水平评价系统功能设计与使用指南 69
  5.1 系统开发背景 71
  5.2 功能设计思路 71
  5.3 软件系统使用指南 73

6 我国"四好农村路"高质量发展对策建议 79
  6.1 强化顶层设计，建设好农村公路 81
  6.2 提升治理能力，管理好农村公路 82
  6.3 创新模式方法，养护好农村公路 83
  6.4 探索长效机制，运营好农村公路 84
  6.5 完善配套措施，保障好农村公路 85

参考文献 87

我国"四好农村路"发展现状

乡村振兴背景下
"四好农村路"
高质量发展水平评价方法研究

1 我国"四好农村路"发展现状

我国始终将农村公路建设作为国家发展的重要组成部分，经过长期的不懈努力和持续发展，现已基本形成广泛的农村公路网络，道路技术等级不断提升，管理水平不断提高，有效支撑了我国农村经济发展。2014年，习近平总书记在交通运输部上报的关于农村公路发展情况的报告上作出了重要指示和批示，首次提出"四好农村路"，指出"要进一步把农村公路建好、管好、护好、运营好，逐步消除制约农村发展的交通瓶颈。""四好农村路"是习近平总书记亲自总结提出、亲自部署推进的一项重要民生工程、民心工程、德政工程，这项工程的实施，能够支撑农村地区特别是贫困地区经济发展，更能够促进城乡公平普惠，服务乡村振兴，实现共同富裕。

1.1 现状分析

1.1.1 建设现状

我国农村公路基本上服务于生活在该农村区域的居民，网络建设主要是为农村居民创造出行条件，满足其基本生产、生活需要的同时还支撑着农村社会经济的发展。全国各地加快推动农村公路建设工作，取得了显著成果。党的十八大以来，我国加快了农村公路建设的步伐，农村公路里程从2011年底的356.4万km增加到2022年底的453.14万km，11年净增了近100万km，农村地区"行路难"问题得到有效解决。具体来说，2022年453.14万km的农村公路由69.96万km县道、124.32万km乡道、258.86万km村道组成。

我国在解决农村公路广泛覆盖的基础上，不断提升农村公路技术等级，截至2022年，全国农村公路总里程已达453.14万km，农村公路出行条件不断优化，农村公路等级公路达到 436 万 km，等级公路比例从 2016 年 88.90％提升至 2022 年的 96.24％，近年来农村公路等级公路占比变化情况如图 1-1 所示。2022 年，农村公路二级及以上级别的农村公路里程达到 18.24 万 km，占农村公路总里程比例达到 4.03％，2022 年农村公路等级分布情况具体如图 1-2 所示。

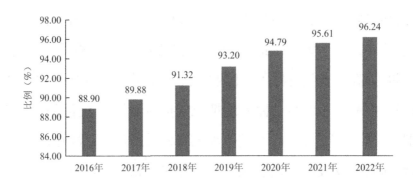

图 1-1　近年来农村公路等级公路占比变化情况

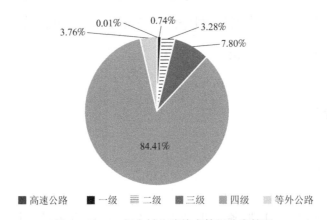

图 1-2　2022 年农村公路技术等级分布情况

尽管我国农村公路建设取得了相当优秀的成绩，但是与高质量发展的目标相比，建设水平仍然有待提高。截至 2022 年底，我国农村公路中仍有 170481km 等外路未被改造，中部和西部地区等外路在等外路总量中仍占有较大比例。农村公路的发展在区域中表现不均衡，各区域农村公路等级受区域经济发展影响存在较大差异。我国农村公路中不同区域等级公路情况如表 1-1 所示。

农村公路中不同区域等级公路情况表（km）　　　　表 1-1

地区	总里程	一级	二级	三级	四级	等外路
全国	4531439	33466	148827	353632	3824930	170481

续上表

地区	总里程	一级	二级	三级	四级	等外路
东部地区	1156386	21877	81822	142713	894442	15504
中部地区	1445918	5935	40458	116177	1243921	39427
西部地区	1929134	5653	26546	94740	1686569	115551

1.1.2 管理现状

法规政策体系不断完善。法律法规层面，为加强公路的建设和管理，全国人民代表大会常务委员会、交通运输部分别制定并发布了《中华人民共和国公路法》《农村公路条例》。其中，《农村公路条例》确定了村道范围，明确了县级人民政府的主体责任，完善了农村公路公共财政保障体系，推行农村公路工作目标责任制和绩效管理，实行"先建后补""以奖代补"等投资奖补制度，建立农村公路管理县级、乡级人民政府行政首长负责制。政策制定层面，交通运输部先后印发了《多部门关于推动"四好农村路"高质量发展的指导意见》《农村公路中长期发展纲要》《"十四五"公路养护管理发展纲要》《农村公路扩投资稳就业更好服务乡村振兴实施方案》《"四好农村路"全国示范县创建管理办法》等一系列政策文件，为推动我国农村公路实现"四好"发展保驾护航。

"路长制"发展成效显著。2019年中央一号文件《关于坚持农业农村优先发展做好"三农"工作的若干意见》提出，要全面推进"四好农村路"建设，加大路长制和示范县实施力度。2020年交通运输部印发了《关于全面做好农村公路"路长制"工作的通知》，提出从实施方案、组织体系、工作职责三方面健全"路长制"工作机制，要全面建立覆盖县、乡、村道的"路长制"。截至2022年底，"四好农村路"就业岗位数量达80.23万个，脱贫户数量达38.63万户；"路长制"县级行政区设置数量达到2787个，全国农村公路路长总人数达67.20万人，其中，县级路长1.95万人、乡级路长8.11万人、村级路长57.14万人。

示范创建工作有序推进。交通运输部以"四好农村路"全国示范县创建为抓手,"十四五"以来,联合有关部门共组织开展两批"四好农村路"全国示范县创建,累计将 350 个县级单位命名为"四好农村路"全国示范县。通过示范创建,各地区不断探索总结"四好农村路"发展的成功经验,切实发挥了示范县的典型引领作用,进一步推动了"四好农村路"各项工作深入开展。同时,为进一步规范"四好农村路"全国示范县创建工作,交通运输部联合财政部、农业农村部、国家邮政局、国家乡村振兴局制定了《"四好农村路"全国示范县创建管理办法》,对示范县申报、评审、创建、验收、命名和已命名示范县的管理工作进行了要求和规范。"十四五"以来我国"四好农村路"主要政策汇总如表 1-2 所示。

"十四五"以来我国"四好农村路"主要政策汇总　　　　表 1-2

时间	政策文件	主要内容
2021 年	《农村公路中长期发展纲要》	提出七大主要任务,即构建便捷高效的农村公路骨干路网,构建普惠公平的农村公路基础网络,营造安全宜人的农村公路交通环境,健全运转高效的农村公路治理体系,完善适用多元的农村公路养护运行机制,发展便民多元的农村客运服务体系和发展畅通集约的农村物流服务体系
2021 年	《关于推动农村客运高质量发展的指导意见》	明确八大主要任务,即完善安全便捷的基础设施网络,构建普惠便民的出行服务系统,打造集约共享的融合发展模式,健全安全可靠的运营管理体系,推广智慧绿色的服务供给方式,营造公平有序的市场发展环境,建立长效稳定的可持续发展机制,深化以点带面的示范创建活动
2021 年	《2021 年推进农村客货邮融合发展工作方案》	以县级行政区为单位,在每个省份(直辖市视情况开展)至少打造 3 个以上样板县,建成 10 个以上客货邮综合服务站,开通 20 条以上客货邮合作线路。重点推进体制机制、基础设施、运营线路、运输信息等 4 方面融合,推动建立交通运输、邮政、供销、商务等部门协同配合的体制机制,打造多站合一、资源共享的基础设施体系,推进城乡客运、邮政快递、农村物流等既有网络、运力资源共享,推动客货邮等信息共享对接
2022 年	《"十四五"公路养护管理发展纲要》	要求推进设施数字化、养护专业化、管理现代化、运行高效化、服务优质化
2022 年	《农村公路扩投资稳就业更好服务乡村振兴实施方案》	实施"四好农村路"助力乡村振兴五大工程,即骨干路网提档升级工程、基础路网延伸完善工程、安全保障能力提升工程、农村公路与产业融合发展工程、服务水平提升工程;积极吸纳农民群众就地就近就业增收,包括促进农民群众参与建设、加大农村公路管护岗位开发力度和保障农民工合法权益
2022 年	《"四好农村路"全国示范县创建管理办法》	明确了示范创建的条件和标准、创建程序、复核管理、支持政策、宣传引导等内容
2022 年	《关于加快构建发展长效机制切实保障农村客运稳定运行的通知》	提出实施动态监测,及时掌握农村客运运行情况;优化运营组织,因地制宜完善农村客运服务供给;深化融合发展,提升农村客运可持续发展能力;完善扶持政策,强化农村客运稳定运营保障;畅通反馈渠道,强化农村客运服务社会监督;坚持疏堵结合,营造农村客运市场良好环境

1.1.3 养护现状

公路养护市场化探索一直是交通运输行业改革的重点，我国从1995年开始进行公路养护市场化改革探索，自2003年交通运输部发布规范性文件《公路养护工程市场准入暂行规定》后，全国有25个省（区、市）参照该暂行规定，出台了地方养护资质管理的相关制度，大幅加快了公路养护市场领域的开放速度，尤其是部分地区通过市场准入逐步引入了企业和民间投资，在促进公路养护市场规范发展方面发挥了积极作用。我国公路养护市场化发展政策如表1-3所示。

我国公路养护市场化发展政策汇总　　　　　　表1-3

时间	政策文件	主要内容
1995年	《关于全面加强公路养护管理工作的若干意见》	提出改革完善公路养护管理运行体制，明确了"管养分离、企事分开"的目标，公路养护运行机制市场化改革迈出了第一步
2001年	《公路养护与管理发展纲要（2001—2010年）》	提出"深化公路养护运行机制改革"，全国大部分省（区、市）依此制定了深化改革的实施方案或指导意见
2003年	《公路养护工程市场准入暂行规定》	鼓励采取行之有效的市场准入管理措施，引入市场竞争机制，进一步支撑市场实现更有效的动态平稳发展，优化市场结构，初步建立了公平、公正、诚实、守信的市场环境
2005年	《关于印发农村公路管理养护体制改革方案的通知》	实行管养分离，推进公路养护市场化。逐步剥离各级交通主管部门及其公路管理机构中的养护工程单位，将直接从事大中修等养护工程的人员和相关资产进行重组，成立公路养护公司，通过招投标方式获得公路养护权。所有等级公路的大中修等养护工程向社会开放，逐步采取向社会公开招投标的方式，择优选定养护作业单位，鼓励具备资质条件的公路养护公司跨地区参与公路养护工程竞争
2011年	《公路安全保护条例》	明确授权交通运输主管部门制定养护资质管理办法
2015年	《农村公路养护管理办法》	农村公路养护应当逐步向规范化、专业化、机械化、市场化方向发展。农村公路养护应逐步推行市场化，实行合同管理，计量支付，并充分发挥信用评价的作用，择优选定养护作业单位。鼓励从事公路养护的事业单位和社会力量组建养护企业，参与养护市场竞争
2016年	《"十三五"公路养护管理发展纲要》	提出"分类推动公路养护市场化改革"的推进思路，以及"基本建立政府与市场合理分工的公路养护运行机制，初步形成公开透明、开放有序的养护市场
2018年	《公路养护工程管理办法》	要求组织实施各类养护工程所涉及的技术服务与工程施工等相关作业，通过公开招标投标、政府采购等方式选择具备相应技术能力和资格条件的单位承担
2019年	《关于深化农村公路管理养护体制改革的意见》	加快推进农村公路养护市场化改革。将人民群众满意度和受益程度、养护质量和资金使用效率作为衡量标准，分类有序推进农村公路养护市场化改革，逐步建立政府与市场合理分工的养护生产组织模式

我国高度重视农村公路养护工作，推动开展公路安全设施和交通秩序管理精细化提升行动，以急弯陡坡、临水临崖、路侧险要、平交路口和低荷载等级

桥梁等为重点，加强农村公路及其桥梁隧道隐患排查整治，实施和完善农村公路安全生命防护工程并将农村公路养护工作纳入政府年度目标考核内容。随着农村公路大规模建设，农村公路养护任务也不断增加，公路养护由传统的"抢修时代"过渡到"全面养护时代"。截至 2022 年底，农村公路总里程达 453.14 万km，养护里程覆盖了全部的 453.14 万km，农村公路实现"有路必养、养必到位"；农村公路养护作业投资总额 973 亿元，其中，用于日常养护、预防养护、修复养护、专项养护及应急养护的投资额分别为 266 亿元、49 亿元、492 亿元、141 亿元和 25 亿元。2018—2022 年农村公路养护里程及占比情况、养护投资分配情况如图 1-3 和图 1-4 所示。

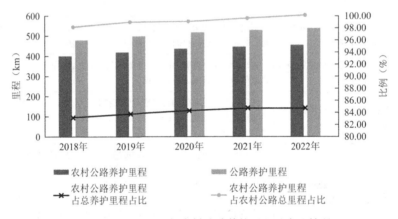

图 1-3 2018—2022 年农村公路养护里程及占比情况

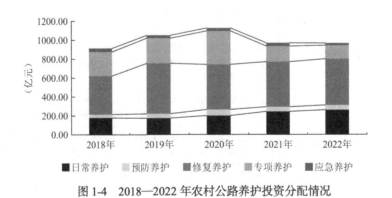

图 1-4 2018—2022 年农村公路养护投资分配情况

1.1.4 运营现状

农村居民和生产物资的空间位移依赖于农村交通运输，它连接着农村经济发展的生产、流通和消费等诸多环节，是推动农村经济发展的关键因素，在农村经济发展中占据着十分重要的基础地位。

农村客运方面，为促进农村客运长效发展，交通运输部等部门发布了《关于推动农村客运高质量发展的指导意见》《关于加快构建发展长效机制切实保障农村客运稳定运行的通知》，推进农村客运高质量发展，保障农村客运可持续运营。截至2021年底，全国农村客运站总数达到31.9万个，其中，农村三级及以上客运站1160个，占全国三级及以上客运站总数的26.9%。全国乡镇和建制村通客车率均达99.4%，共开通农村客运线路9.7万条，年平均日发班次86.3万次。农村客运车辆更加灵活，以中小型客车居多，全国农村客运车辆达32.4万辆，其中，农村公共汽电车10.2万辆，农村班线客运车辆22.3万辆。各地因地制宜通过城乡公交、班线客运、区域经营、预约响应等多种运营模式，不断完善和优化服务网络，持续巩固农村地区通客车成果。

农村物流方面，各地区通过利用农村客货运站、邮政网点，以及农业、商务、供销等既有农村物流资源，初步建立了县、乡、村三级农村物流网络节点体系，促进了城乡物流双向渠道的畅通快捷。同时，为推进农村客运、货运、邮政快递实现融合发展，交通运输部印发了《农村客货邮融合发展典型案例集》，从管理机制、基础设施、运力资源、信息化服务等方面，遴选农村客货邮融合发展典型案例，指导各地参考借鉴并结合实际持续深入推进农村客货邮融合发展。截至2022年底，全国1000余个县级行政区开展了客货邮融合业务，累计建成客货邮服务站点11.2万个，开通客货邮融合线路8000余条，客车代运邮件快件超1.9亿件，农村群众获得感显著提升。

1.2 实践探索

1.2.1 四川省蒲江县

蒲江县认真贯彻习近平总书记关于"四好农村路"重要指示精神，积极推进农村公路建设，在四川省率先实现乡镇建制村通硬化路、通客车率、公路列养率等6个"100%"，先后被评为"四好农村路"全省、全国示范县。同时，通过实施"交通+"战略助力乡村振兴，实现联城、联村、联产、联景，带动沿线村镇因路而变、因路而美、因路而兴，一幅农业强、农村美、农民富的乡村振兴美好画卷正在迅速展开。

1）坚持规划引领，统筹推进，实现建设规范化、品质化

（1）**加强规划引领**。推动农村公路建设与乡村振兴、产业发展等规划"多规合一"，融入特色产业、历史文化等元素，高品质规划一批景观路、产业路、文化路。编制实施"四好农村路"建设三年计划、"美丽乡村旅游示范路"三年攻坚计划等规划，构建以县城为中心、乡镇为节点、通乡畅村达组的农村公路网络，形成了县城与乡镇、乡镇与乡镇之间20分钟交通圈。

（2）**提升建设质量**。按照公园城市建设理念，编制《蒲江县美丽乡村路建设导则》，出台《蒲江县农村公路建设管理实施细则》，实行设计、招标、施工、监理和资金"五统一"机制，规范指导全县"四好农村路"建设，提高建设标准，确保工程建设质量，实现农村道路标准化建设率和一次性交工验收合格率"双百"目标。

（3）**完善政策保障**。优先支持山丘区乡镇交通项目建设，加强财政投入，将重大农村公路建设项目资金列入县级年度投资计划，构建稳定投入增长机制。强化资源整合，构建以财政投入为主，部门争取、社会捐赠、集体筹资和群众投劳为辅的多元筹资机制，先后整合交运、农业、旅游等各类资金32亿元用于农村公路建设。

2）坚持上下联动，部门协同，实现管理网格化信息化

（1）**强化责任落实**。成立由县政府主要领导任组长的"四好农村路"建设工作领导小组，明确各部门、单位主要责任，合理设置管理机构，基本形成"政府主导、部门负责、群众参与、综合治理"的工作格局。实行"定乡镇、定人

员、定职责、定奖惩"的"四定责任"制度，将全域农村公路分为4个片区，由执法中队分片区管理，实现管理区域全覆盖。整合交运、交警、安监等部门力量，组建考核队伍，定期对农村公路管理情况进行责任考评。

（2）**推行网格化管理**。建立长效稳定的体制机制，出台并完善《蒲江县农村公路路长制实施意见》，建立总路长办公会议、道路巡查、督查考核三项制度，压紧压实县、乡、村三级路长职责，实现农村公路管理全覆盖。推行巡查、反馈、协调、处置、督查"五步工作法"，整合基层护路队、网格员、志愿者"三支队伍"，建立工作联络联动机制，构建横向到边、纵向到底的网格化管理格局。

（3）**实施联动化管理**。建立交运、公安、应急等部门联合执法机制，加强路产路权管理保护；强化路政管理和执法能力建设，组建管理和执法两支队伍，常态开展道路执法监督检查和管护，探索出"路联管、路全管、路共管、路常管"的农村公路管理新路子。严厉打击非法损害路产路权行为，加大农村公路超限运输、占道经营等违法行为的治理力度，乱挖、乱占、乱搭、乱建现象得到了有效遏制。

（4）**推广信息化管理**。建立蒲江县交通管理服务中心，运用"大数据＋"推进智慧交通管理，在全国率先建立公路综合管理系统，实现公路资产、养护作业、客货运营等全过程监管；整合利用雪亮工程、桥梁水位监测、客运动态监管等1200余套监控设施，通过巡查发现、反馈问题、系统派单、现场核对、整改闭合的流程，及时处置安全隐患和突发事故。系统建立以来，及时发现并排除道路隐患740余处，有效保障抢险救援和群众生命财产安全。

3）坚持改革先行，积极探索，实现养护专业化市场化

（1）**实行农村公路养护市场化**。推行"事企分开、管养分离"改革，将县公路养护段更名为县公路管理所，仅保留公路养护管理职责。采购专业养护公司承担县道、乡道公路日常养护及维修工作，提升公路养护机械化、专业化、规范化水平，实现"公司专业养、路段专人护"。出台《蒲江县农村公路养护管

理实施细则》，建立县、乡、村三级农村公路养护管理机构，通过过程监管、履约考核的方式，将考核评价与专业养护企业工程结算、信用评价挂钩，实现公路养护降本增效。

（2）**创新破解养护资金难题**。深化资金供给模式改革，以"创新养护生产模式、资金保障"为主题，形成财政投入为主、多元筹资为辅、社会力量积极参与的融资新格局。建立农村公路养护投入随里程增加而增长的保障机制，日常养护定额保障、养护工程按需保障、机构人员全额预算，设立3000万元且动态补充的县级养护"蓄水池"，重点保障农村公路日常养护及季节性小修保养。"十三五"期间，投入资金1.41亿元，整治路面病害8.5万余 m^2；实施公路绿化亮化工程，种植矮化观景行道树7200余株、花草15000m^2。

（3）**积极引导群众参与农村公路养护**。发挥党建示范引领作用，由基层党员带头参与农村公路管养。设立农村公路管理、养护等公益性岗位，帮助村民创收增收；倡导文明新风尚，多形式开展爱路护路文化宣传，将农村公路管理与养护纳入村、社区议事日程，将管理和养护的重要条款写入村规民约，引导群众积极参与。主动邀请媒体及村民代表参与监督、考评，极大地提升了群众出行满意度，凝聚了党在基层的民心。

1.2.2 云南省安宁市

安宁市将农村公路建设作为一项重要民生工程，真抓实干、攻坚克难，农村公路基础设施明显改善，全市83个行政村实现了村村通油路硬化、384个自然村实现了村村通路面硬化。安宁主城与各街道、各园区连接基本实现高等化、市政化，30分钟经济圈初步形成。

1）多措并举，推动农村公路建设

（1）**拓展渠道，解资金筹集之困**。以安宁市发展投资集团公司为融资平台，整合水投、交投、旅投、城投等方面的资源，将资金统一到融资平台，确保重点基础设施建设资金有保障。在交通建设过程中如涉及征地、拆迁，交通运输局积极配合、协调政府相关部门，按时、足额发放征地补偿金，做好维稳工作，保障修建进度。

（2）**优化衔接，破解"三少一大"难题**。安宁市政府投资 12.85 亿元完成县八路项目，解决了南北通道少的难题；投资 2.5 亿元完成龙山立交项目，解决了对外接口少的难题；投资 6.8 亿元启动南环线项目，解决了闭合环线少的难题；投资 7.95 亿元完成安禄路，提升过境交通通行能力，解决了过境车流大的难题。

（3）**先行先试，创公路建设新模式**。为解决好两条路"省管、地方管"难题，安宁市提出了"路不分国道、省道、县道、乡道，兼尽属地建、管、养之责"的工作理念，与省公路局合作探索出三种公路建设中的管理新模式。第一种是"龙山模式"，安宁市与公投公司共同出资改造龙山收费站，增加安宁对外出入口。第二种是"安禄模式"，以安宁市为主体、省公路局支持配合争取国债资金建设模式，建成后移交公路所有权单位，原产权、养护、路政管理等主体不变。第三种是"石安模式"，以省公路局为建设主体，安宁市以补助方式，拓宽改造石安公路太平段。

（4）**高标准实施农村公路建设**。为满足群众出行需求，保障辖区道路安全、畅通，对新建、改建县道、乡道均采用四级双车道及以上公路建设标准，县道、乡道路基宽 6.5m 以上，路面宽 6m 以上；村道采用四级公路标准，路基宽 4.5m，路面宽度 3.5m。

2）严格公路管理，确保农村公路畅通

（1）**强化部门间的协同联动**。进一步贯彻落实《中华人民共和国公路法》《公路安全保护条例》等法律法规，建立"政府负责、部门执法、群众参与、综合治理"的网格化管理体系。积极落实源头治理联动机制，加强同路政部门间的配合与协作，形成路产路权管理、源头治超合力，有效杜绝超限车辆对路面的损坏以及污染问题。针对公路违法搭建、违法堆放、占道经营、涉路施工等行为进行重点整治，强化货物运输封闭式管理。

（2）**建立农村公路路政管理"三级联动"机制**。由于农村公路分布广、路线长、路政管理人员编制较少，很难对农村公路进行全面有效的管理，部分农村公路成为了沿线群众打谷、堆肥、倾倒垃圾和摆摊设点的重灾区。为破解当前农村公路管理的难题，安宁市交通运输局启动农村公路路政管理"三级联动"。在全市街道办事处、行政村配备了农村公路路政专（协）管员106名，形成专业管理和乡村协管互相配合，县、乡、村"三级联动"的农村公路路政管理新模式。

3）创新养护机制，抓好农村公路养护

落实"县道县养、乡道乡养、村道村养"的养护责任，建立道路清扫保洁长效机制，开展机械化、市场化的路面保洁，以扫路车清扫为主，辅以对重要路口、路段进行人工流动保洁。按照安宁市人民政府出台的《安宁市加强完善提升农村公路硬化工程及养护管理实施方案》有关要求，按照乡道3500元/km，村道1000元/km的标准，根据街道管养乡、村道路里程每年考核结果，确定实际拨付各街道乡村道路的养护资金。各街道财政1：1配套乡村道路养护资金，并将街道农村公路管理养护工作列入安宁市政府对其年终目标考核中。同时，逐年争取增加农村公路养护资金，力争达到"三分建七分管"的养护工作目标，确保养护工作有序开展。

4）加强城乡公交一体化建设，推动智慧交通发展

（1）**率先在全省实现公交"村村通"**。经过多年发展，安宁公交全部实行公车公营，全市9个街道办事处和65个行政村实现公交服务全覆盖。

（2）**积极打造城乡公交三级运行网络，大力推行城乡公交服务均等化**。通过统一管理体制、优惠政策、资源配置、运价标准、服务标准、发展规划，形成了外联周边县（市），主城全覆盖，各街道、行政村全通达的三级城乡公交运行网络，城乡公交一体化程度处于全省领先地位。

（3）**实施"智慧交通"，便利群众出行**。安宁市将城区的金方大厦、连然街、

电力大厦、大巷口等19个公交站台改造为市首批多功能网络智慧站台。同时，开发并上线使用安宁市公交"云闪付"App，从投币到刷卡，再到移动支付，安宁公交支付方式更加多样化；从乘车必须进站到现在手机App直接了解车辆位置，安宁公交乘车体验更加智能化；从到站乘车到高铁、飞机乘坐零对接，市民乘坐公交出行更加便捷。

1.2.3 江西省德兴市

德兴市高度重视"四好农村路"建设，采取"标准化建设、常态化治超、公交化运营"方式，使农村公路一跃成为老百姓的"致富路""平安路""幸福路"，有效推动"四好农村路"高质量发展，先后获得了全国首批城乡交通运输一体化示范县、全省"四好农村路"示范县、全省镇村公交建设试点县、全省治超工作先进单位等系列荣誉称号。

1) 标准化建设，让农村公路成为百姓的"致富路"

德兴市地处赣浙皖三省交界处，四面群山环绕，交通建设成本高、建设标准低，难以有效助力脱贫攻坚、带动乡村振兴。德兴市抢抓"四好农村路"高质量发展机遇，努力提高农村公路建设标准，按照"县道三级以上公路、乡道双车道、危桥全消灭"的标准，一次性投资4.29亿元启动了59.3km县道升级改造、112.6km乡村公路双车道改造和36座农村公路危桥改造，同时加快美丽生态文明路建设，每年实施2~3条示范路创建工程，确保乡乡都有示范路。在"交通+扶贫"方面，优先安排省定贫困村和贫困人口相对集中的自然村建设高标准农村公路，带动全市脱贫1807户。在"交通+旅游"方面，依托三清山、德兴铜矿、大茅山等旅游资源，投资4.6亿元高标准建设了三清快道、祝梧公路等旅游公路，有效带动了乡村游、养生游。在"交通+产业"方面，重点围绕新岗山、龙头山两大火车站枢纽，加快高铁高速连接线和站前广场高等级农村公路客运站建设，打通"银城—花桥—龙头山—泗州—银城"农村公路环线，有效带动了周边果蔬、中药材等特色农业发展。

2）常态化治超，让农村公路成为百姓的"平安路"

（1）**全城无死角布网治超**。为保障农村居民平安出行，德兴市联合交警、公路、交通等部门组建执法队伍，在城东依托上饶市公路管理局新岗山省级治超站，实行 24 小时循环倒班、日夜值守治超；在城西投资 110 多万元建成了五星固定治超点、中洲超限超载车辆货物卸载点，实现了治超规范化；在城北设立限高杆以防超限超载车辆进入城区。

（2）**开展零容忍执法**。德兴市经过多年实践探索，首创"四个一律"，即超限车辆一律卸货、擅自增加栏板一律切割、超载驾驶员一律扣分、扰乱秩序一律拘留，并在全省应用推广。

（3）**提高治超科技含量**。投资 270 万元建成了全省首个非现场执法平台和电子抓拍系统，将天网工程、交警路网监控卡口一并整合进入平台，设立五条专线对五星治超点、新岗山治超站、黄柏、万村、德兴铜矿源头企业进行 24 小时全程实时监控，从源头上遏制违法超限超载行为。

3）公交化运营，让农村公路成为百姓的"幸福路"

（1）**实现农村客运集约化经营**。在加强农村公路建设的同时，德兴市立足农村客运的公益属性，通过财政资金收购了所有农村客运班线，按照公车公营的模式，组建镇村公交客运有限公司，配备了 85 辆公交客车，开通了 39 条镇村公交线路，实现了所有建制村公交全覆盖的目标。

（2）**降低群众出行成本**。为了最大程度地惠及民众，镇村公交票价在原有基础上降低了 30%，例如从城区到德兴铜矿，票价从 6 元降为 2 元。同时，考虑到农村地区老年人和留守儿童较多的情况，市政府每年拨款 1300 万元用于镇村公交的运营补贴，并为老年人、残疾人、现役军人以及身高 1.2m 以下的儿童提供免费乘车服务。

1.2.4 浙江省义乌市

义乌市以创建示范县为契机，积极调动社会各方力量，共同推进"四好农村路"向美丽精品路迈进。通过国有企业共同参与"四好农村路"建设的"八企十线"方式，探索"农村公路+产业"融合发展新模式，打造出一个全域"四好"、突出"精品"、共创"和美"的义乌样板。

1）"八企十线"，推进"四好农村路"转型升级

（1）**多渠道注入资金**。在建立补助资金与绩效考核挂钩制度的基础上，市属8家国有企业各自组建成立子公司，作为投资主体，以投资开发、股份合作等形式为乡村精品线建设注入资金，与沿线村集体联合开发精品线文旅产业。国有资本的注入扭转了乡村精品线资金来源渠道单一的窘境，形成了国有资本引领社会资本共建的新局面。

（2）**多方式筹谋"造血功能"**。依托森林博览会，推出"义乌-中国众创乡村"主题馆，展示以10条精品线为主轴、沿途特色村庄相连的义乌乡村旅游精华，和多家投资企业建立了合作意向，成功引进了森山健康小镇等多个项目。

（3）**多品牌筹划特色线路**。在充分尊重特色村当地的生态文化资源基础上，建造与周边自然环境相协调的画里南江、人文上溪、红糖飘香等精品线路。同时，以10条精品线路串联35个三星村，辐射200多个沿线村庄开展全域旅游。

2）和美共享，全力发挥"四好农村路+"的效应

（1）利用美丽乡村精品线，实施差异化的农业招商引资策略，建立了"精品线+项目库"的联动招商机制，有效拓展了项目发展空间，成功引入了11个农业项目，总投资额超过230亿元，带动全市农业产业实现质的飞跃。

（2）依托市场优势，以方便畅通的农村公路网为纽带，实施"市场带百村"工程，通过来料加工业务，农村剩余劳动力能够利用物流和公交系统将原料运送到家，进行生产加工，增加了农民收入。

（3）便捷的农村公路网和物流网使义乌小商品的竞争力进一步提升，义乌农村电子商务产业得到迅猛发展。阿里研究院数据显示，义乌的"淘宝村"实现全覆盖，拥有全国最大的"淘宝村"集群，"淘宝村"数量超过164个。

1.3 存在问题

经过多年的快速发展，我国农村公路建设取得了令人瞩目的成果，然而，相对于支持乡村实现振兴和交通强国建设要求，农村公路发展还存在一定差距，以下是对当前存在问题的详细分析。

1.3.1 基础设施网络建设规范尚不完善，覆盖广度仍需提高

1)"四好农村路"建设标准规范尚不完善

农村公路网是一个规模庞大的系统，注重建立科学完善的"四好农村路"发展标准体系，有利于发挥交通基础设施的先导作用和产业带动作用。一方面，从国家及行业层面看，尽管出台了《农村公路技术状况评定标准》（JTG 5211—2024）等相关标准，但整体发展水平缺乏相应的体系规范。同时，也缺少统一科学合理的"四好农村路"高质量发展评价指标体系和评价方法，用于评判"四好农村路"所处发展阶段和发展水平。

2)农村公路网络中高等级路覆盖广度仍需提高

我国农村公路服务的主要对象是居住在这些农村区域的居民，其建设质量直接关系到农村居民出行环境及对农村社会经济发展的支撑力度。截至"十三五"规划末（即2020年），我国农村公路中仍有77.74万km未铺设沥青或水泥混凝土路面，22.84万km等外路尚未改造，其中中部和西部地区等外路占比较高，显示出农村公路发展在不同区域的不均衡性。早期建成的农村公路由于技术标准较低、安全设施不足、地方主体责任落实不够，导致一些路段出现了"畅返不畅"的问题，即虽然道路已建成，但后续维护和升级不足，影响了通行效率。在一些地区，农村公路建设水平尚未能完全满足农村居民便捷出行的需求。

1.3.2 农村公路管理长效机制尚不健全，养护信息化水平亟须提升

1）管理长效机制尚不健全

机构设置、人员配备及养护资金是保障农村公路形成管理长效机制的核心三要素。在机构设置方面，部分地区的行政许可与行政处罚、行政管理与行政执法尚未分离，导致农村公路存在多头管理、多头执法的现象。在人员配备方面，部分地区农村公路仍然存在有人建无人养护、县乡有职能无养护编制的问题，养护人员素质不高、专业技能不强。在资金配套方面，养护人员经费、农村公路养护费、公路水毁抢修和安防工程项目经费普遍不足，县道、乡道、村道养护补助标准偏低。据测算，在安全管理方面，全国农村公路缺乏专员、资金及责任机制的乡镇约有 37000 个。因此，未来一段时期，农村公路管理要形成良性循环，任务依然艰巨。

2）养护信息化水平有待提升

随着农村公路从大规模建设进入建设与管养并重的发展阶段，农村公路正面临建设投资回报减少、出行需求持续增长、路面老化比重不断增加等情况。部分地区农村公路养护模式主要以增设机构、配置人员和购置养护设备的传统养护模式为主，信息技术的利用程度不高，许多地区尚未建立针对性的养护信息化综合管理平台，导致养护人员及机构无法快速精准地对农村公路路况现状、病害位置及原因、安全隐患路段及时进行反馈和排查。据测算，传统养护模式下，养护信息从发现到任务下达需 3 天，而利用信息化平台辅助养护的地区仅需几个小时。

1.3.3 农村客运可持续发展压力较大，客运服务创新能力需要加强

1）农村客运可持续发展压力较大

自 2012 年以来，全国公路营业性客运量持续下降，客运站关停的报道也较

之前增多，农村客运经营面临着巨大压力。从居民出行交通选择方式的角度来看，随着高铁和私人小汽车的普及，农村居民选择非农村客运方式的比例逐年提升。同时，农村人口呈下降趋势，导致部分区域农村客运量也呈下降趋势，这给农村客运经营的可持续发展造成了挑战。此外，近年来农村客运线路转换为城乡公交班线的比例增加，城乡公交班线多由当地政府提供财政补贴，使得当地政府在城乡公交补贴方面的财政压力也在增加，最终导致农村客运可持续发展的压力进一步增加。

2）农村客运服务能力创新能力需要加强

从我国通客车总体情况来看，公交化运营模式的通车比例为38%，相对较低。客运班线仍然是农村客运主要运营模式，占比超过50%，其余则以区域经营、预约响应等形式进行运营。农村客流多呈现潮汐性的双峰型特征，以及在赶集日出现出行高峰、平日为平峰的周期性分布特征。部分地区客运班线投入运力总量偏少、班次频率较低，与群众对城乡公共交通便捷出行的需求相比，存在较大差距。同时，随着我国旅游经济的不断发展，旅游出行需求持续攀升，传统的班车运营模式已无法满足乡村居民的出行需求和乡村经济的发展，因此，农村客运的创新能力亟须加强。

1.3.4 农村物流统一协调机制尚未形成，客货邮融合发展深度仍需挖掘

1）农村物流存在多部门管理交叉现象

长期以来，物流业面临"多头参与、条块分割"的问题。发展改革、交通、商务、农业农村、供销、邮政等部门均参与管理农村物流业务，部门之间存在职责交叉和信息壁垒。各部门均有相关资金和政策，但资源分散，整合不够、效率不高。目前尚未建立统一推进农村物流工作的协调机构，这制约了农村物流的统筹规划和科学发展。现有的农村物流节点由快递、物流企业根据业务需要自主布局，导致经济繁荣、人口密度高的镇村设点多，而部分偏远村庄物流

网点几乎空白，偏远农村的居民无法享受基本的生活便利，与物流资源浪费形成鲜明对比。

2）农村物流企业有待提升规模化发展水平

在整个农村物流行业中，个体运输户占据主导地位，而农村物流企业普遍规模较小、现代化管理水平不高，缺乏具有健全物流功能和规模化的农村物流企业。由于尚未形成农村货运行业的规范，不正当竞争现象时有发生，导致农村物流市场秩序较为混乱，这直接影响了农村货运的服务水平和效率。受货源分散、成本较高、现代化管理运营水平不足等因素影响，农村物流企业在整体统筹协调能力上存在不足，对农村物流资源的投入不够积极，农村物流设施现代化水平不高，信息化服务水平相对落后。这些问题导致农产品在运输过程中存在时间长、损耗高、运输费用较高、便利程度不足等问题。

3）客货邮融合发展深度仍需挖掘

推进农村客货邮融合发展，可以更好地统筹解决群众出行、物流配送、邮政寄递三个"最后一个公里"问题。目前，我国各地区已开始探索客货邮融合发展体系，交通运输部也出台了《关于加快推进农村客货邮融合发展的指导意见》。虽然客货邮融合发展已取得一定进展，但在深度融合发展方面仍有提升空间。一方面，需要进一步扩展客货邮融合线路服务的深度和覆盖范围，根据《关于加快推进农村客货邮融合发展的指导意见》，目标是"力争到2027年具备条件的县级行政区实现农村客货邮融合发展全覆盖"；另一方面，现有的农村物流信息系统模块设计较为单一，尚未实现客运、邮政等不同行业的服务数据整合，部分地区客货邮信息化服务平台尚处于空白状态。同时，目前客货邮融合业务主要集中在快件快递方面，与电商、旅游等其他产业的融合程度不高。未来可以通过与农产品生产经销企业合作、与电商企业合作等多种方式，进一步挖掘客货邮服务产品的潜力。

我国"四好农村路"高质量发展内涵与特征研究

乡村振兴背景下
"四好农村路"
高质量发展水平评价方法研究

乡村振兴背景下
"四好农村路"
高质量发展水平评价方法研究

2.1 "四好农村路"与乡村振兴的关系

2.1.1 乡村振兴战略对"四好农村路"的发展要求

乡村振兴战略是习近平同志于 2017 年 10 月 18 日在党的十九大报告中提出的战略。十九大报告指出,农业农村农民问题是关系国计民生的根本性问题,必须始终把解决"三农"问题作为全党工作的重中之重,实施乡村振兴战略,提出了"产业兴旺、生态宜居、乡风文明、治理有效、生活富裕"的总要求。

2018 年 9 月,中共中央、国务院印发了《乡村振兴战略规划(2018—2022年)》,并发出通知,要求各地区各部门结合实际认真贯彻落实。在该规划的第九篇第二十八章第一节中,为改善农村交通物流设施条件,提出"以示范县为载体全面推进"四好农村路"建设,深化农村公路管理养护体制改革,健全管理养护长效机制,完善安全防护设施,保障农村地区基本出行条件"。

2021 年 2 月 21 日,《中共中央 国务院关于全面推进乡村振兴加快农业农村现代化的意见》发布,此文件是"十四五"时期的首个中央一号文件。该文件指出,"十四五"时期要坚持把解决好"三农"问题作为全党工作重中之重,把全面推进乡村振兴作为实现中华民族伟大复兴的一项重大任务,举全党全社会之力加快农业农村现代化,让广大农民过上更加美好的生活。在意见中提出,实施农村道路畅通工程,继续开展"四好农村路"示范创建。

2021 年 2 月 25 日,国务院直属机构国家乡村振兴局正式挂牌(2023 年 3 月 7 日在农业农村部加挂国家乡村振兴局牌子),为全面建成小康社会和推进乡村振兴奠定了新的坚实基础。2021 年 3 月,中共中央、国务院发布了《关于实现巩固拓展脱贫攻坚成果同乡村振兴有效衔接的意见》,在重点工作中提出"持续改善脱贫地区基础设施条件",在具体内容里强调了对于农村公路的工作任务。

2021年6月,正式施行《中华人民共和国乡村振兴促进法》,这是我国第一部直接以"乡村振兴"命名的法律,标志着乡村振兴战略迈入有法可依、依法实施的新阶段。其中,第十九条提出:支持乡村物流、电子商务等乡村产业的发展;加强农产品流通骨干网络和冷链物流体系建设。第四十九条提出:强化农村公共卫生、安全生产、防灾减灾救灾、应急救援、应急广播、食品、药品、交通、消防等安全管理责任。

2022年的中央一号文件继续围绕乡村振兴战略展开,2月发布了《中共中央 国务院关于做好2022年全面推进乡村振兴重点工作的意见》,在"扎实开展重点领域农村基础设施建设"任务中提出了"有序推进乡镇通三级及以上等级公路、较大人口规模自然村(组)通硬化路"等对于农村公路的发展要求。

表2-1中列出了党的十九大以来乡村振兴战略相关政策文件对于"四好农村路"的要求。

乡村振兴战略相关政策文件对于"四好农村路"的要求　　　　　　表2-1

序号	政策文件	时间	对于"四好农村路"要求
1	党的十九大报告	2017年10月	提出了"产业兴旺、生态宜居、乡风文明、治理有效、生活富裕"的总要求
2	《乡村振兴战略规划(2018—2022年)》	2018年9月	以示范县为载体全面推进"四好农村路"建设,深化农村公路管理养护体制改革,健全管理养护长效机制,完善安全防护设施,保障农村地区基本出行条件。推动城市公共交通线路向城市周边延伸,鼓励发展镇村公交,实现具备条件的建制村全部通客车。加大对革命老区、民族地区、边疆地区、贫困地区铁路公益性运输的支持力度,继续开好"慢火车"。加快构建农村物流基础设施骨干网络,鼓励商贸、邮政、快递、供销、运输等企业加大在农村地区的设施网络布局。加快完善农村物流基础设施末端网络,鼓励有条件的地区建设面向农村地区的共同配送中心
3	《中共中央 国务院关于全面推进乡村振兴加快农业农村现代化的意见》	2021年2月	实施农村道路畅通工程。有序实施较大人口规模自然村(组)通硬化路。加强农村资源路、产业路、旅游路和村内主干道建设。推进农村公路建设项目更多向进村入户倾斜。继续开展"四好农村路"示范创建。全面实施路长制。开展城乡交通一体化示范创建工作。加强农村道路桥梁安全隐患排查,落实管养主体责任。强化农村道路交通安全监管
4	《关于实现巩固拓展脱贫攻坚成果同乡村振兴有效衔接的意见》	2021年3月	推进脱贫县"四好农村路"建设,推动交通项目更多向进村入户倾斜,因地制宜推进较大人口规模自然村(组)通硬化路,加强通村公路和村内主干道连接,加大农村产业路、旅游路建设力度。统筹推进脱贫地区县乡村三级物流体系建设,实施"快递进村"工程

续上表

序号	政策文件	时间	对于"四好农村路"要求
5	《中华人民共和国乡村振兴促进法》	2021年6月	第十九条提出:支持乡村物流、电子商务等乡村产业的发展;加强农产品流通骨干网络和冷链物流体系建设。 第四十九条提出:强化农村公共卫生、安全生产、防灾减灾救灾、应急救援、应急广播、食品、药品、交通、消防等安全管理责任
6	《中共中央 国务院关于做好2022年全面推进乡村振兴重点工作的意见》	2022年2月	有序推进乡镇通三级及以上等级公路、较大人口规模自然村(组)通硬化路,实施农村公路安全生命防护工程和危桥改造。扎实开展农村公路管理养护体制改革试点。稳步推进农村公路路况自动化检测

2.1.2 "四好农村路"对于乡村振兴战略的支撑作用

1)支撑乡村振兴战略的总体发展要求

党的十九大报告提出了乡村振兴战略,并强调了"产业兴旺、生态宜居、乡风文明、治理有效、生活富裕"的总要求。在产业兴旺方面,可以通过建设产业路来支撑农业产业园的发展,通过构建三级农村物流体系发展现代化农村物流;在生态宜居方面,应注重加强公路周边区域的环境整治,并同步开展公路沿线绿化建设和沿线村镇美化建设,以改善农民的居住环境和美化村容村貌;在乡风文明方面,通过建设美丽农村路营造良好的农村文明建设氛围,这有利于建设经济繁荣、环境优美、文明和谐的社会主义新农村;在治理有效方面,通过实施路长制和提升农村公路安全管理水平,可以有效加强乡村的安全治理;在生活富裕方面,改善交通运输基础设施条件可以有效支撑社会经济发展,促进农民产业收入的增加。

2)支撑乡村振兴战略中的农村基础设施改善

农村基础设施的改善是乡村振兴战略的重要实施内容,多个国家层面的乡村振兴文件均提出了具体任务要求:《乡村振兴战略规划(2018—2022年)》提出了"改善农村交通物流设施条件"的任务;《中共中央 国务院关于全面推进乡村振兴加快农业农村现代化的意见》提出了"加强乡村公共基础设施建设"的要求;《关于实现巩固拓展脱贫攻坚成果同乡村振兴有效衔接的意见》提出了"持续改善脱贫地区基础设施条件"的目标;《中共中央 国务院关于做好 2022 年全面推进乡村振兴重点工作的意见》提出了"扎实开展重点领域农村基础设施建设"的指示。在这些文件中,"四好农村路"的建设均被提及作为重要任务,发展"四好农村路"可以有效支撑乡村振兴战略中农村基础设施的改善。

3)支撑乡村振兴战略解决"三农"问题

乡村振兴战略的核心任务是解决好"三农"问题,党的十九大报告中的乡村振兴战略明确指出,"农业农村农民问题是关系国计民生的根本性问题,必须始终把解决好'三农'问题作为全党工作重中之重"。"四好农村路"建设不仅包括通村公路,还涵盖了旅游路、园区路等产业路,能够有效提升农民的生活质量、促进农村经济发展。从基础设施的角度出发,"四好农村路"的建设有助于提高农民的收入,从而支持解决"三农"问题。同时,"四好农村路"的建设和管理涵盖了"建、管、养、运"四个方面,其中"运"包括农村物流基础网络和农产品冷链网络的建设,这对于改进农村生产方式具有重要的促进作用,有助于提高农产品的运输效率,进而间接提升农产品的价值,进一步帮助农民增加收入,从"三农"中的农民角度支撑解决"三农"问题。

2.2 "四好农村路"发展与中国式现代化发展的关系

2.2.1 "四好农村路"发展助力实现中国式现代化

党的二十大报告中提出,要团结带领全国各族人民全面建成社会主义现代化强国、实现第二个百年奋斗目标,以中国式现代化全面推进中华民族伟大复兴。中国式现代化是人口规模巨大的现代化、是全体人民共同富裕的现代化、是物质和精神文明相协调的现代化、是人与自然和谐共生的现代化。中国式现代化,既有各国现代化的共同特征,也有基于我国国情的中国特色。围绕满足人民美好生活需要,针对发展不平衡、不协调、不可持续问题,中国式现代化着力推动经济发展质量变革、效率变革、动力变革,努力实现创新成为第一动力、协调成为内生特点、绿色成为普遍形态、开放成为必由之路、共享成为根本目的的高质量发展格局。

1）推进"四好农村路"发展，充分体现普惠性是中国式现代化的本质特征

农村在我国发展中有着举足轻重的地位和作用，农村地区占全国土地总面积的94%以上，有近5亿人居住在乡村，庞大的农村居住人口规模体现了我国独特的国情。农村公路是交通运输服务乡村居民最直接的基础设施，是支撑乡村经济发展的重要保障，也是让广大农村居民共享交通运输发展成果的纽带。2022年，我国农村公路完成固定资产投资4733亿元，新建、改建农村公路超过18万km，改造农村危桥10589座，完成农村公路安全生命防护工程13.5万km，为广大农村特别是贫困地区带来了源源不断的人气和活力。因此，推进"四好农村路"发展，不仅充分诠释了普惠性，也体现了中国式现代化的本质特征。

2）推进"四好农村路"发展，服务农业农村现代化是中国式现代化的题中之义

农村公路是服务农村经济社会发展的公益性、基础性、先导性设施。随着"四好农村路"建设的持续推进，不断打通进村入户"最后一公里"，农村居民出行难、运输难等问题得到有效解决。同时，"农村公路+"模式也得到长足发展，各地区打造了独具特色的旅游路、资源路及产业路，交通运输与旅游、特色产业融合发展程度不断提升，带动了农业、乡村旅游提速发展，为农业农村现代化提供了坚实的交通运输保障。作为中国式现代化的重要组成部分，农业农村现代化的进展直接关系到中国式现代化的进度和质量，因此，推进"四好农村路"发展，可以有效地服务农业农村现代化，也是中国式现代化的题中之义。

3）推进"四好农村路"发展，促进农村居民共同富裕是中国式现代化的重要目标

共同富裕是中国特色社会主义的本质要求和根本目标，是广大人民通过辛

勤劳作最终达到的生活水平，是消除两极分化、实现普遍富裕的体现，凸显了中国式现代化过程中物质现代化与人的现代化的融合共进。通过推动"四好农村路"建设，不断优化农村公路路网结构、扩大覆盖范围、加强服务能力，可以有效完善农村地区农产品上行及农资、日用品下行的交通物流网络，为农村经济发展、农村居民创收、实现乡村振兴提供坚实的交通保障。同时，通过吸纳当地农村劳动力参与农村交通基础设施建设和日常管理养护，还能进一步开发农村公路公益性岗位，促进农民群众增收。因此，推动"四好农村路"发展，可以有效促进农村居民实现共同富裕，这也正体现了中国式现代化的重要目标。

2.2.2 "双纲要"对"四好农村路"发展的相关要求

党的十八大以来，我国交通运输发展取得了举世瞩目的成就，为决胜全面建成小康社会、支撑实施乡村振兴战略提供了有力的支撑。但不平衡不充分问题仍然突出，综合交通网络布局仍需完善，互联互通网络韧性还需增强，农村公路通达深度仍然不足，技术等级水平总体偏低，客货运输服务水平不高，"四好农村路"发展长效机制有待完善等。为满足人民日益增长的美好生活需要，推动实现交通运输更高质量、更有效率、更加公平、更可持续，支撑全面建设社会主义现代化国家，中共中央、国务院分别于2019年、2021年出台了《交通强国建设纲要》和《国家综合立体交通网规划纲要》。

《交通强国建设纲要》作为建设交通强国的顶层设计和系统谋划，其核心思想是要做到"五个坚持"、实现"三个转变"，同时明确了以"人民满意、保障有力、世界前列"为总目标，以及"基础设施布局完善、交通装备先进适用、运输服务便捷舒适"等内容为重点任务。在重点任务内容中，明确提出要全面推进"四好农村路"建设，加快实施通村组硬化路建设，建立规范化可持续管护机制；促进交通建设与农村地区资源开发、产业发展有机融合，加强特色农产品优势区与旅游资源富集区的交通建设；综合利用多种资源，完善农村配送网络，促进城乡双向流通。

《国家综合立体交通网规划纲要》是我国第一个综合立体交通网的中长期规

划纲要,主要包括规划基础、总体要求、优化国家综合立体交通布局、推进综合交通统筹融合发展、推进综合交通高质量发展、保障措施等6个方面内容。在推进综合交通统筹融合发展内容中,明确提出加快推动乡村交通基础设施提档升级,全面推进"四好农村路"建设,实现城乡交通基础设施一体化规划、建设、管护;畅通城乡交通运输连接,推进县乡村(户)道路连通、城乡客运一体化,解决好群众出行"最后一公里"问题;加快构建农村物流基础设施骨干网络和末端网络。

2.3 "四好农村路"高质量发展内涵

高质量发展的概念是以习近平同志为核心的党中央根据国内外发展形势和现阶段中国的发展需要,提出的一个全新发展理念。这一理念起始于党的十九大报告,报告指出:"我国经济已由高速增长阶段转向高质量发展阶段,正处在转变发展方式、优化经济结构、转换增长动力的攻关期"。党的二十大报告进一步明确指出:"高质量发展是全面建设社会主义现代化国家的首要任务"。

进入新时代,我国社会主要矛盾已经转化为人民日益增长的美好生活需要和不平衡不充分的发展之间的矛盾。随着生活水平不断提高,人民对美好生活的向往总体上已经从"有没有"转向"好不好",呈现多样化、多层次、多方面的特点。高质量发展就是从简单追求数量和增速的发展,转向以质量和效益为首要目标的发展。从根本上说,高质量发展是从解决社会各方面产品和服务供给"有没有""大不大""足不足"的问题,转向解决"好不好""优不优""美不美"的问题,是经济社会发展方式由注重速度转向注重质量和效益的转变。高质量发展是解决新时代我国社会主要矛盾的必要手段,必须不断提高发展质量和效益,通过增加高质量产品和服务供给,更好地满足人民对美好生活的向往。

"四好农村路"是农村地区最主要的交通方式与重要基础设施,其建设与发展对于保障和改善农村民生、解决"三农"问题、支撑乡村振兴战略具有重要意义。结合新时代特征、乡村振兴战略、高质量及中国式现代化发展理念,我们提出"四好农村路"高质量发展的内涵：坚持新发展理念，以创新为第一动力，以"四好农村路"供给侧结构性改革为主线，通过推动"四好农村路"的质量变革、效率变革、技术变革，使"四好农村路"的服务更高品质、更有效率、更加公平，更好地满足农村人民日益增长的多层次、多样化的交通运输需求。

2.4 "四好农村路"高质量发展特征

1）从规模发展向高品质发展转变

"四好农村路"的高质量发展要义之一是推动"四好农村路"发展从"有没有"转向"高品质"。近年来，"四好农村路"一直是交通运输行业的重点发展内容，截止 2022 年 11 月，交通运输部已命名了 353 个"四好农村路"全国示范县。"四好农村路"已经取得阶段性的成果，具备条件的乡镇和建制村通硬化路、通客车的目标已全面实现，大规模建设"四好农村路"基础设施的客观需求已经减弱。随着农村主要矛盾的转变，"四好农村路"需要不断提升供给体系质量和效益，提高乡镇、建制村的公路等级，并提供更加多层次、高品质的客运服务。因此，"四好农村路"的发展需要从规模扩张向高质量发展进行转变。

2）从粗放式发展向效率型发展转变

效率型发展的要义是以更少的要素投入获取更大的产出效益，全面提升"四好农村路"的全要素生产率。在经济学中，全要素生产率指的是在同样数量规模的劳动、资本、土地等要素投入下，由科技进步、资源优化配置等因素带来的额外经济增长率。它既能直观地体现科技进步贡献和资源配置效率，衡量发展质量，又指明了提高发展质量的基本路径。"四好农村路"的发展需要不断提高科技创新在经济发展中的贡献份额，持续优化资源配置。通过大力实施创新驱动发展战略，以前沿技术、现代工程技术创新为突破口，利用现代技术提升"四好农村路"发展和管理水平，利用自动检测等技术提高"四好农村路"的养护效率。同时，通过显著提升农村物流发展水平、发展客货邮融合服务以提高农产品的运转效率，更好地服务于农产品流通，从而更有效地支持解决"三农"问题中农民增收问题。

3）从差异性发展向公平性发展转变

更加公平的要义是全面、平等的共享发展"四好农村路"的发展成果。我国对更加公平的发展集中体现是坚持以人民为中心的发展思想，坚持发展为了人民、发展依靠人民、发展成果由人民共享。发展为了人民，就要把增进民生福祉作为发展的根本目的，并在发展过程中保障和改善民生。尽管具备条件的乡镇和建制村已经实现了通硬化路、通客车的目标，但"四好农村路"的通达深度还有待提高，部分自然村尚未享受到"四好农村路"的发展红利。因此，推进较大人口规模的自然村（组）通硬化路的建设，仍然是未来工作的重点任务。

我国"四好农村路"发展水平评价方法研究

乡村振兴背景下
"四好农村路"
高质量发展水平评价方法研究

乡村振兴背景下
"四好农村路"
高质量发展水平评价方法研究

3.1 评价指标选取原则

要对"四好农村路"发展水平进行综合评价，首先就要确定评价指标体系，这是综合评价"四好农村路"发展水平的基础。合理的评价指标体系对于评价结果能否客观反映实际情况具有至关重要的影响，它对"四好农村路"这个评价对象的准确性发挥着关键作用。在构建指标体系时，如果评价指标过多，它们之间的相关性可能会过高，从而干扰评价结果的客观性；而如果评价指标过少，则可能导致所选指标缺乏足够的代表性，使评价结果过于片面。因此，在分析"四好农村路"高质量发展的内涵与特征的基础上，构建评价指标体系时应遵循5个原则。

3.1.1 科学性原则

从科学性的角度看，在建立指标体系时，需要深刻理解乡村振兴战略的内涵，并明确"四好农村路"实现高质量发展的特点和目标。在评价指标的选取过程中，应以其是否具有明确的含义、是否能够体现出农村公路发展特征为标准，确保指标使其具有较强的客观性。此外，由于"四好农村路"发展水平的评价涉及农村公路的建设、管理、养护、运营等多个方面，这就要求所选的指标能够科学、精确、客观地反映农村公路在这些方面的表现。

3.1.2 代表性原则

对"四好农村路"发展水平的评价涉及农村交通系统的各个方面，不仅与系统内部的各组成要素相关，而且还具有外部性，即关系到环境保护、人居安全等交通运输本身之外的因素。面对这样一个复杂的系统，所设置的指标体系必须具有高度的概括性。所选择的指标还应能够系统、准确地反映农村交通系统的某个方面，并具有较强的代表性。应在充分研究的基础上，选择能全面反映研究对象各个方面的指标。

3.1.3 可测度原则

可测度原则一方面是指可以数量化的程度，另一方面指数量变化的显著程度。数量化即用数字来描述评价指标，意味着指标数量的变化能准确反映事物变化的趋势和性质。只有确保了可测度，才能建立定量化的评价指标。由于建立"四好农村路"发展水平评价指标体系的目的不仅仅是为了进行时间序列上的纵向比较，还包括对不同行政区划间的横向比较。因此，指标的选取应尽量规范，这样既便于数据采集，也为横向比较提供了基础，同时保证了指标体系的规范性和可比性。

3.1.4 可行性原则

指标体系建立的最终目的在于实际应用。一些指标可能在理论上具有重要意义，但在具体实践中缺乏可行性，没有确切的衡量指标作为实践的基准，那么这些指标就无法发挥科学描述和准确评价的作用。因此，选取的指标应可行、符合客观实际、有稳定的数据来源，并且易于操作。评价指标含义要明确，数据要规范，统计口径要一致，资料收集要简便易行。

3.1.5 简明适用性原则

由于"四好农村路"涉及众多因素，反映其发展现状的指标数量众多，因此在选择指标时，应尽量使指标体系简单明了，优先选择那些具有代表性的综合指标和关键指标。同时，指标设计要实用，应具有一定的代表性，能够适用于不同发展阶段的"四好农村路"评价工作，并在一定范围内具有实用性。

3.2 评价指标体系构建

3.2.1 "建设好"评价指标

1)农村公路平均技术等级

定义：该指标反映公路网的平均等级水平，直接影响到公路运输和交通运行的状况。因此，公路网的平均技术等级是评价交通基础设施，尤其是农村交通基础设施的一个重要指标。根据公路网平均技术等级的特点，数值越大，说明该行政区的网络等级化程度越低。

计算公式：

$$G = \frac{\sum L_i g_i}{\sum L_i} \tag{3-1}$$

式中：G——农村公路平均技术等级；

L_i——第 i 条公路的里程长度，km；

g_i——第 i 条公路的技术等级，当公路技术等级为高速、一级、二级、三级、四级、等外时，g_i 取值分别为 0、1、2、3、4、5。

2)农村公路水泥、沥青路面铺装率

定义：指统计期末，有铺装路面和简易铺装路面农村公路里程占农村公路总里程的比例。有铺装路面包括水泥混凝土路面和沥青混凝土路面；简易铺装路面包括沥青贯入式路面、沥青碎石路面、沥青表面处治路面。

计算公式：

$$L = \frac{M+N}{P} \times 100\% \tag{3-2}$$

式中：L——农村公路水泥、沥青路面铺装率，%；

M——农村公路有铺装路面里程，km；

N——农村公路简易铺装路面里程，km；

P——农村公路总里程，km。

3）30户及以上自然村通硬化路占比

定义：在通达基础上，由路面类型为有铺装路面（沥青混凝土路面、水泥混凝土路面）、简易铺装路面（沥青贯入式路面、沥青碎石路面、沥青表面处治路面）和其他硬化路面（石质路面、混凝土预制块路面、砖铺路面等）的通达路线连通的30户及以上自然村数量占30户及以上自然村总数的比例。

计算公式：

$$L = \frac{M}{N} \times 100\% \tag{3-3}$$

式中：L——30户及以上自然村通硬化路占比，%；

M——由路面类型为有铺装路面、简易铺装路面和其他硬化路面的通达路线连通的30户及以上自然村数量，个；

N——30户及以上自然村总数，个。

4）农村公路路网密度

定义：指报告期末，一定区域内单位国土面积所拥有的农村公路里程数。

计算公式：

$$农村公路路网密度(km/100km^2) = \frac{农村公路里程(km)}{国土面积(100km^2)} \tag{3-4}$$

3.2.2 "管理好"评价指标

1）平均每个建制村拥有路长数量

定义：指报告期末，一定行政区域范围内平均每个建制村拥有的路长数量，该指标体现各地为着力加强"四好农村路"管理所投入的力量。

计算公式：

$$平均每个建制村拥有路长数量(人) = \frac{路长数量(人)}{建制村数量(个)} \tag{3-5}$$

2）农村公路绿化率

定义：指统计期末，农村公路中已绿化里程占可绿化里程的比例。其中，可绿化里程是指在公路用地范围内，能栽植和自然生长乔木、花灌木或草坪的路段里程；已绿化里程是指截至本年底按设计标准栽植及成活率和保存率分别达到标准要求，生长正常的路段里程。

计算公式：

$$农村公路绿化率 = \frac{农村公路已绿化里程(km)}{农村公路可绿化里程(km)} \times 100\% \tag{3-6}$$

3）农村公路就业岗位数量

定义：指报告期末，行政区域内开发"四好农村路"就业岗位的数量，岗位职务包括养护工人、护路员、协管员等，主要从事日常巡查、隐患排查、灾毁情况报送等工作。按照岗位性质分为公益性岗位和非公益性岗位。

计算公式：

$$\begin{aligned}&农村公路就业岗位数量(个)\\&= 公益性岗位数量(个) + 非公益性岗位数量(个)\end{aligned} \tag{3-7}$$

4）县级行政区信息化应用覆盖率

定义：指行政区域内，依托遥感卫星、信息化管理服务平台等信息化手段赋能农村公路管理工作、实现数字化、网络化和智能化管理的县级行政区数量占县级行政区总数的比例。

计算公式：

$$\begin{aligned}&县级行政区信息化应用覆盖率(\%)\\&= \frac{依托信息化手段赋能农村公路管理的县级行政区数量(个)}{县级行政区总数(个)} \times 100\%\end{aligned} \tag{3-8}$$

3.2.3 "养护好"评价指标

1）农村公路四五类桥梁占比

定义：根据《公路桥涵养护规范》(JTG 5120—2021) 有关桥梁技术状况评定标准，按照《公路桥梁养护管理工作制度》规定程序进行技术等级评定工作，农村公路中桥梁总体技术状况评定等级为四、五类的桥梁数量占桥梁总数的比例。

计算公式：

$$农村公路四五类桥梁占比(\%) = \frac{农村公路四、五类桥梁数量(座)}{农村公路桥梁总数(座)} \times 100\% \quad (3\text{-}9)$$

2）优良中等路率

定义：指报告期内，实际评定的农村公路里程中，优等路、良等路、中等路的里程之和占实际评定的农村公路里程的比例。该指标是《公路技术状况评定标准》(JTG 5210—2018) 规定的衡量判断公路技术状况的主要指标，用于综合评价公路路基、路面、桥隧构造物和沿线设施的技术状况。

计算公式：

$$优良中等路率(\%) = \frac{优等路里程(km) + 良等路里程(km) + 中等路里程(km)}{实际评定的农村公路总里程(km)} \times 100\% \quad (3\text{-}10)$$

3）农村公路养护投资额占地方一般公共预算支出比例

定义：指报告期内，对公路工程设施进行经常性或季节性养护和修理所投入的资金额度占地方一般公共预算支出的比例。按照养护性质划分，养护投资包括日常养护完成投资、预防养护完成投资、修复养护完成投资、专项养护完成投资和应急养护完成投资。

计算公式：

$$农村公路养护投资额占地方一般公共预算支出比例(\%) = \frac{农村公路养护投资额(万元)}{地方一般公共预算支出额(万元)} \times 100\% \quad (3\text{-}11)$$

3.2.4 "运营好"评价指标

1）城乡交通运输一体化水平 4A 及以上县比例

定义：指报告期末，城乡交通运输一体化发展水平达到 4A 及以上的县级行政区占县级行政区总数的比例。该指标从客运服务一体化、货运物流服务一体化、城乡交通运输一体化发展环境等方面表征某行政区域内城乡交通运输一体化总体发展水平。

计算公式：

$$I = \frac{Z}{N} \quad (3\text{-}12)$$

式中：I——城乡交通运输一体化水平 4A 及以上县比例，%；

　　　Z——城乡交通运输一体化发展水平达到 4A 及以上的县级行政区个数，个；

　　　N——某行政区域内县级行政区总数，个。

2）高品质农村客运服务覆盖率

定义：指报告期末，开通高品质农村客运服务的建制村占建制村总数的比例。高品质农村客运服务包括城乡公交、区域经营、预约响应、岛屿通船等运营服务模式。

计算公式：

$$I = \frac{Z}{N} \quad (3\text{-}13)$$

式中：I——高品质农村客运服务覆盖率，%；

　　　Z——开通城乡公交、区域经营、预约响应、岛屿通船等客运服务的建制村个数，个；

N——某行政区域内建制村总数，个。

3）建制村农村物流服务覆盖率

定义：指报告期末，某行政区域内享有货运物流、邮政、快递等一项或多项服务的建制村数量占建制村总数的比例，该指标旨在衡量农村物流体系建设水平。

计算公式：

$$I = \frac{Z}{N} \tag{3-14}$$

式中：I——建制村农村物流服务覆盖率，%；

Z——享有货运物流、邮政、快递等一项或多项服务的建制村个数，个；

N——某行政区域内建制村总数，个。

4）客货邮融合服务的县级行政区比例

定义：指报告期末，某行政区域内享有客货邮融合服务的县级行政区数量占县级行政区总数的比例。其中，客货邮融合服务指交通运输企业与邮政、快递等企业签署合作协议，开通客货邮合作线路，普及推广农村客运车辆代运信件、邮件、包裹。

计算公式：

$$I = \frac{Z}{N} \tag{3-15}$$

式中：I——客货邮融合服务的县级行政区比例，%；

Z——享有客货邮融合服务的县级行政区数量，个；

N——某行政区域内县级行政区总数，个。

综上所述，在对"四好农村路"高质量发展内涵、发展特征、与乡村振兴的关系进行分析的基础上，遵循科学性、代表性、可测度、可行性及简明适用性等指标选取原则，梳理了每一项指标的定义及计算方法，最终确定了一个包含4个属性、15项指标的评价指标体系，具体的指标体系如表3-1所示。

"四好农村路"高质量发展水平评价指标体系   表3-1

目标层	属性层	指标层	类型
"四好农村路"高质量发展水平评价指标体系	建设好	农村公路平均技术等级	逆向
		农村公路水泥、沥青路面铺装率	正向
		30户及以上自然村通硬化路占比	正向
		农村公路路网密度	正向
	管理好	平均每个建制村拥有路长数量	正向
		农村公路绿化率	正向
		农村公路就业岗位数量	正向
		县级政区信息化应用覆盖率	正向
	养护好	农村公路四五类桥梁占比	逆向
		农村公路优良中等路率	正向
		农村公路养护投资额占地方一般公共预算支出比例	正向
	运营好	城乡交通运输一体化水平4A及以上县比例	正向
		高品质农村客运服务覆盖率	正向
		建制村农村物流服务覆盖率	正向
		客货邮融合服务的县级行政区比例	正向

3.3 评价方法研究

评价是指通过综合评价函数将建立的评价指标体系中的多个评价指标合成为一个综合评价值，是对多属性结构体系描述的对象作出的一种全局性、整体性的评价。考虑到用于合成综合评价值的评价方法多样，需要在梳理常用的评价方法基础上，根据评价对象的特点、基础数据获取情况等因素选择较为合适的评价方法。

3.3.1 评价方法分类

评价方法主要包括定性评价法和定量评价法两类。定性评价方法主要利用专家的知识和经验，通过观察被评价对象的表现或状态，以归纳分析等非量化手段对被评价对象进行评价。定量评价方法是通过搜集整理基础数据、建立综合指标与各个评价指标的数学关系，以定量化的形式对被评价对象进行评价。

1）基于结构方程模型的综合评价法

结构方程模型是基于变量的协方差矩阵来分析变量之间关系的一种多元统计方法。在结构方程模型中包含两种主要变量，潜变量和显变量。潜变量是指实际中无法直接测量的变量，显变量指实际中能够直接观察和测量的变量。显变量可分为外生显变量和内生显变量，潜变量可分为外生潜变量和内生潜变量。外生潜变量是那些只起自变量作用的潜变量，在模型内不受其他潜变量影响；内生潜变量指要受到其他潜变量影响的潜变量。外生显变量是反映外生潜变量的指标，内生显变量是反映内生潜变量的指标。

结构方程模型主要由测量模型和结构模型组成，测量模型也称为验证性因子分析模型，反映了潜变量与其测量指标之间的关系。一般由 $X = \Lambda_x \xi + \delta$ 和 $Y = \Lambda_y \eta + \varepsilon$ 两个方程组成。前者是外生变量的测量方程，X 是由 q 个外生观测指标组成的 $q \times 1$ 向量，ξ 是由外生潜变量的因子组成的 $n \times 1$ 向量，Λ_x 是 x 在 ξ 上的 $q \times n$ 因子负荷矩阵，δ 是 q 个测量误差组成的向量；后者是内生变量的测量方程，Y 是由 p 个内生观测指标组成的 $p \times 1$ 向量，η 是由 m 个内生潜变量组成的 $m \times 1$ 向量，Λ_y 是 y 在 η 上的因子负荷矩阵，ε 是 p 个测量误差组成的向量，δ 和 ε 表示不能由潜变量解释的部分。

结构模型又称为潜变量因果关系模型，主要表示潜变量之间的关系，也包括模型汇总其他变量无法解释的变异量部分。规定了所研究系统中假设的外生潜变量与内生潜变量之间有因果关系，模型形式为：$\eta = B\eta + \Gamma\xi + \zeta$。其中，$\eta$ 是内生潜变量向量，ξ 是外生潜变量向量，B 是 $m \times m$ 系数矩阵，描述了内生潜变量 η 之间的彼此影响；Γ 是 $m \times n$ 系数矩阵，主要描述了外生潜变量 ξ 对内生潜变量 η 的影响；ζ 是 $m \times 1$ 残差矩阵，模型中未能解释的部分。

尽管结构方程模型应用在评价领域的时间并不长，而且不同的评价问题所用到的结构方程模型技术也存在一些差别，但不同类型的结构方程评价模型的基本分析步骤大致相同。通常，构造一个结构方程评价模型主要包括以下 5 个步骤。

（1）模型设定。结构方程模型本质上是一种验证性技术，所以在进行评价之前需要根据相关的理论假设条件，确定结构方程模型中的各种变量以及变量之间的关系。

（2）模型识别。一方面在模型拟合之前通常要对数据进行初步的检查以满足设定的假设条件；另一方面，为了尽量消除评价指标体系的单位及其数量级的差别对评价结果的影响，还需要对数据进行无量纲化处理。

（3）模型拟合。结构方程模型拟合的目标是求得参数使模型隐含的协方差矩阵与样本协方差矩阵"距离"最小。根据不同的距离计算公式，结构方程模型中包含极大似然法、最小二乘法、迭代法、两阶段最小平方法和一般加权最小平方法五种常用的模型拟合方法。

（4）模型评价。该步骤主要评估所设定模型对所搜集到的数据资料的拟合程度，主要包括模型整体的绝对拟合程度和相对拟合程度评价。绝对拟合程度拟合效果依赖于拟合指标的分布状况，主要指标包括卡方值、卡方自由度比等；相对拟合程度主要借鉴一些参考依据与自身的计算结果进行比较来检验模型的拟合情况。

（5）模型修正。如果建立的结构方程模型通过了拟合效果评价，可以根据相关的计算公式得出各潜变量得分及评价信息，进一步对评价结果进行分析得出相关的政策性建议。如果拟合不好，需要对模型中的参数进行修改，通过参数的再设定提高模型的拟合程度。

2）数据包络分析法

数据包络分析法是运用多指标输入数据和多指标输出数据，在相对效益和效率方面来对同类的单位或部门进行评价的系统分析方法，以相对性概念为基础，以线性规划和凸分析作为分析工具。该方法在处理多目标的决策问题时具有较好的应用价值。数据包络分析法主要包括以下5个步骤。

（1）明确评价目的。数据包络分析法是用于进行多个同类样本间的相对优劣性评价，这样就需要明确一系列的问题，如哪些决策单元能够被放在一起评价、通过什么样的输出/输入指标体系进行评价等。为了能使数据包络分析法提供的信息具有较强的科学性，上述问题应该服务于我们应用数据包络分析法的具体目的。

（2）选择决策单元。由于数据包络分析法是在同类型的决策单元之间进行相对有效性的评价，因此选择决策单元的一个基本要求就是决策单元的同类型。通常可以用决策单元的活动空间或者活动的时间间隔来辅助判断以选择出决策单元。

（3）建立输入输出指标体系。数据包络分析法主要是利用各决策单元的输入、输出评价指标数据对决策单元进行相对有效性评价。系统的评价指标不同，其有效性的评价结果也将不同。

（4）搜集和整理数据资料。评价各决策单元相对有效性时，需要输入各决策单元的输入、输出指标值，这些指标值的正确性将直接影响各决策单元的相对有效性评价结果。因此，正确收集和科学整理各决策单元的输入、输出数据成为数据包络分析法评价中的重要组成部分。

（5）数据包络分析模型的选择。在选择模型时，一方面由于具有非阿基米德无穷小的数据包络分析模型在判断决策单元是否为弱数据包络分析模型具有方便之处，实际评价中这一模型通常被应用；另一方面，为了得到不同侧面的评价信息，尽量选择不同类型的数据包络分析模型同时进行分析，再把分析结果互相比较。

数据包络分析法最突出的优点在于它不需要任何权重假设，权重的确定是根据决策单元实际数据计算得到的最优权重，具有很强的客观性，排除了主观因素。因此，数据包络分析法也常常被用作计算权重而与其他评价方法组合使用。与其他评价方法相比较，数据包络分析法对具有多输入和多输出的复杂系统的评价具有较大的优势。主要缺点是数据包络分析法只表明了评价单元的相对水平，而不是实际发展水平。

数据包络分析法对权重不要求预先给出，通过对相对指数的优化可以得出数据包络分析模型的各输入向量与输出向量所对应的权重,这既有利于决策者处理输入信息与输出信息间的权重不清问题,又有利于决策者排除对权重施加的随意性。但在实际应用中的确存在决策者需要了解输入信息和输出信息间的权重,或者是根据模型应用的具体情况需要对其权重加以一定约束,又或者是因利用单纯分析模型得到的权重欠缺合理性与可操作性而需要修正等问题。

3）模糊综合评价法

模糊数学是研究和处理模糊现象的科学,模糊综合评价法则是以模糊数学为基础,根据最大隶属度原则将定性评价转化为定量评价,考虑与被评价事物或对象的各个相关因素,对不易定量化的因素作出一个综合评价。模糊综合评价法主要包含如下几个步骤。

（1）确定评价因素和评价等级。设$U = \{u_1, u_2, \cdots, u_m\}$为刻画被评价对象的$m$种因素；$V = \{v_1, v_2, \cdots, v_m\}$为刻画每一因素所处的状态的$n$种决断。其中,$m$为评价因素的个数,$n$为评语的个数。

（2）构造评判矩阵。对单因素$u_i = (i = 1, 2, \cdots, m)$作单因素评判,从因素$u_i$着眼该事物对决策等级$v_j (j = 1, 2, \cdots, n)$的隶属度为$r_{ij}$,这样就得出第$i$个因素$u_i$的单因素评判集：$r_i = (r_{i1}, r_{i2}, \cdots, r_{in})$。因此,$m$个着眼因素的评价集就构造出一个总的评价矩阵$\boldsymbol{R}$。即每一个被评价对象确定了模糊关系矩阵$\boldsymbol{R} = \begin{bmatrix} r_{11} & r_{12} & \cdots & r_{1n} \\ r_{21} & r_{22} & \cdots & r_{2n} \\ \vdots & \vdots & \cdots & \vdots \\ r_{m1} & r_{m2} & \cdots & r_{mn} \end{bmatrix}$。

（3）确定权数向量。权数指在评判事物时,依次着重于哪些指标。一种方法是由具有权威性的专家及具有代表性的人按因素的重要程度来商定；另一种方法是通过数学方法来确定。

（4）进行模糊合成。模糊关系矩阵$\boldsymbol{R}$中不同的行反映了某个被评价事物从不同的单因素来看对各等级模糊子集的隶属程度。用权数向量将不同的行进行综合,就可得到该被评价事物从总体上看对各等级模糊子集的隶属程度,即模糊综合评价结果向量。

(5)计算评判指标。模糊综合评价的结果是被评事物对各等级模糊子集的隶属度,一般是一个模糊向量。若对多个事物进行比较和排序,就需要计算每个评价对象的综合分值,并按大小排序,从而挑选出最优者。

模糊综合评价法能较好地解决各种模糊的、难以量化的非确定性问题,具有逻辑清晰、系统性强的特点。由于评价指标的复杂性、定性指标的不可对比性、评价影响因素以及评价标准的动态性和模糊性等一系列问题,使得在现实中难以用绝对肯定的词汇来描述清晰呈现的客观事实或自然现象,只能使用模糊的自然语言来描述,而难以用一般的数学模型来度量。运用模糊综合评价法,可以使评价标准和影响因素的确定性得以实现,同时充分发挥人的主观能动性,有利于对评价对象的复杂性进行更细致地分析,使得评价结果相对客观并更为可信,且更贴近实际情况。

与此同时,模糊综合评价法的缺点也值得进一步关注。当运用模糊综合评价法进行综合评价时,可能会出现由于指标间的关联性而导致评价信息的重复,而且目前还没有一个系统的方法来确定隶属函数,合成算法也尚未成熟,仍需进一步探讨。模糊综合评价法的评价过程中应用了大量的主观判断,这可能导致评价结果带有主观性。可以看出,模糊综合评价法是一种受到主观信息较大影响,并以此为基础的综合评价方法,其评价结果受选取因素、权重分配以及合成算子等因素影响较大,且准确性和可靠性也受到一定影响。

4)层次分析法

层次分析法是一种定量与定性相结合的多准则决策方法,它把与复杂问题有关的因素按照隶属关系结构化,形成一个多层级的梯级结构。通常,这种结构从上到下主要包括目标层、准则层和方法层。在此之后,专家运用专业知识及经验比较每个因素的重要性,进而确定不同因素的权重。虽然该方法涉及专家对因素重要程度的主观判断,但层次分析法通过数学原理实现了主观向客观的转化,从而在最大程度上保证了结果的客观性。运用层次分析法进行综合评价主要包括以下几个步骤。

（1）建立层次结构模型。将与问题有关的各种因素层次化，然后构造出一个树状结构的层次结构模型，称为层次结构图。一般问题的层次结构图分为三层，包括总目标层（O）、中间层（C）及最低层（P）。目标层表示解决问题的目的，即应用层次分析法所要达到的目标，中间层为实现预定目标所涉及的中间环节，最低层表示解决问题的具体方案。

（2）构造判断（成对比较）矩阵。判断矩阵是层次分析法的基本信息，也是进行相对重要度计算的重要依据。构造判断矩阵主要是通过比较同一层次上的各因素对上一层相关因素的影响作用，而不是把所有因素放在一起比较，即将同一层的各因素进行两两对比。比较时采用相对尺度标准度量，尽可能地避免不同性质的因素之间相互比较的困难。同时，要尽量依据实际问题具体情况，减少由于决策人主观因素对结果造成的影响。

设要比较n个因素$C_1, C_2, \cdots, C_n$对上一层（如总目标层 O）的影响程度，即要确定它在 O 中所占的比重。对任意两个因素C_i和C_j，用a_{ij}表示C_i和C_j对 O 的影响程度之比，按 1～9 的比例标度来度量$a_{ij}(i, j = 1, 2, \cdots, n)$。于是，可得到两两成对比较矩阵$A = (a_{ij})n \times n$又称为判断矩阵，显然$a_{ij} > 0$，$a_{ij} = 1/a_{ji}$，$a_{ii} = 1(i, j = 1, 2, \cdots, n)$。层次分析法评价尺度如表 3-2 所示。

层次分析法评价尺度 表 3-2

成对比较标准	定义	内容
1	同等重要	两个要素具有同等的重要性
3	稍微重要	认为其中一个要素较另一个要素稍微重要
5	相当重要	根据经验与判断，强烈倾向于某一要素
7	明显重要	实际上非常倾向于某一要素
9	绝对重要	有证据确定，在两个要素比较时，某一要素非常重要，即一个要素明显强于另一个要素可控制的最大可能
2、4、6、8		用于上述标准之间的折中值
上述数值的倒数		当甲要素与乙要素比较时，若被赋予以上某个标度值，则乙要素与甲要素比较时的权重就应该是那个标度的倒数

（3）确定相对权重向量。首先，根据公式$\overline{a}_{ij} = a_{ij} / \sum_{k=1}^{n} a_{kj}(i, j = 1, 2, \cdots, n)$，

把矩阵A元素按列归一化；其次，将归一化后的矩阵的同一行的各列相加，即$W_i = \sum_{j=1}^{n} \overline{a}_{ij}(i = 1,2,\cdots,n)$；再次，将相加后的向量除以$n$得到权重向量，即$\overline{W_i} = \overline{W_i}/n$。

（4）一致性检验。通常情况下，由实际得到的判断矩阵不一定是一致的，可利用一致性比例（CR）进行检验。CR = CI/RI，其中，CI 为一致性指标，CI = $[(\lambda_{\max} - n)/(n-1)]$，RI 为随机一致性指标，通常由实际经验给定。当 CR 小于 0.1 时，即认为判断矩阵具有满意的一致性，否则就需要调整判断矩阵，使之具有满意的一致性。

（5）根据层次单排序及一致性检验结果，计算层次总排序及组合一致性检验结果。依次沿递阶层次结构由上而下逐层计算，即可计算出最低层因素相对于最高层的相对重要性即权数值。

5）灰色综合评价法

灰色系统理论能处理贫信息系统，适用于只有少量观测数据的研究对象。灰色系统理论通过对部分已知信息的生成、开发，实现对现实世界的确切描述和认识。灰色系统理论通过关联度分析方法，即根据因素之间发展态势的相似或相异程度来衡量因素间关联程度，以此来评价对象对理想（标准）对象的接近次序。因此，灰色系统理论是从信息的非完备性出发研究和处理复杂系统的理论，通过对系统某一层次的观测资料加以数学处理，达到在更高层次上了解系统内部变化趋势及相互关系。基于灰色关联度的灰色综合评价法是利用各方案与最优方案之间关联度的大小对评价对象进行比较和排序。

灰色关联度认为若干个统计数列所构成的各条曲线几何形状越接近，即各条曲线越平行，则它们的变化趋势越接近，其关联度就越大。该方法首先是求各个方案与由最佳指标组成的理想方案的关联系统矩阵，由关联系统矩阵得到关联度，再按关联度的大小进行分析，计算权重并得出结论。采用灰色关联度模型进行评价是从被评价对象的各个指标中选取最优值作为评价的标准。实际上是评价各被评价对象和此标准之间的距离，这样可以较好地排除数据的灰色成分。运用灰色综合评价法进行综合评价主要包含以下步骤。

（1）确定评价对象和评价标准。设评价对象为m个，评价指标为n个，评价对象数列为：$X_i = \{X_i(k)|k=1,2,\cdots,n\}$，$i=1,2,\cdots,m$，评价标准数列为：$X_0 = \{X_0(k)|k=1,2,\cdots,n\}$。评价标准数列可以是诸方案中最优值，也可以是评估者公认的最优值。

（2）评价指标的规范化处理。由于评价指标间通常是有不同的量纲和数量级，不能直接进行比较，为了保证结果的可靠性，需要对原始评价指标进行规范处理。

（3）计算灰色关联系数。

$$\gamma_{0i}(k) = \frac{\min\limits_{i}\min\limits_{k}|x_0(k)-x_i(k)| + \rho\max\limits_{i}\max\limits_{k}|x_0(k)-x_i(k)|}{|x_0(k)-x_i(k)| + \rho\max\limits_{i}\max\limits_{k}|x_0(k)-x_i(k)|} \tag{3-16}$$

式中：$\gamma_{0i}(k)$——评价对象数列x_i与参考数列x_0在第k个评价指标上的相对差值；

ρ——分辨系数，其越小，分辨率越大，一般$\rho \in [0,1]$，具体取值可视情况而定，通常取$\rho = 0.5$。

（4）计算灰色关联度进行综合评判。

$$\gamma_{0i} = \sum_{k=1}^{n} W(k) \times \gamma_{0i}(k) \tag{3-17}$$

式中：γ_{0i}——第i个评价对象对理想对象的灰色关联度。

（5）评价分析。根据灰色关联度的大小，对各评价对象进行排序，关联度越大其评价结果越好。

3.3.2 评价方法选择

"四好农村路"评价是一个涉及多方面因素的复杂系统，在选择评价方法时，应充分考虑农村公路的发展阶段和主要任务，结合现有资料，做出科学合理的选择。因此，为使得"四好农村路"高质量发展水平评价能够更客观、更科学、更具有针对性，在充分考虑上述各评价方法特点的同时，还应综合考虑以下几个方面因素：

（1）所选择的方法必须简洁明了，尽量降低算法的复杂性。

（2）评价指标的全面性问题，由于"四好农村路"的评价涉及内容广泛，很难将全部指标都纳入评价体系，只能选取具有代表性的指标进行评价，在选择评价方法时，应选择适用于这种特点的指标评价方法。

（3）所选择的方法必须有坚实的理论基础，能为人们所信服。

基于上述分析，考虑到基础数据中大部分数据容易获取，而部分数据较难获取，选择灰色综合评价法来进行评价，以充分发挥其综合评价的优势。最后，根据计算得出的权重，结合灰色综合评价法，测算"四好农村路"高质量发展水平综合评价值。同时，权重计算结果的客观性将直接影响评价结果计算的准确性。经过综合考虑，在主评价方法灰色综合评价法中嵌入CRITIC（标准间相关性）方法，以客观计算各指标权重。CRITIC方法通过综合评价指标之间的冲突性和对比强度来衡量指标的权重，具有较为显著的客观性，有效弥补了层次分析法对于权重赋值带来的主观性问题，因此选用CRITIC方法来计算各指标权重值。

3.3.3 评价计算主要步骤

（1）评价数据输入及预处理

假设评价对象是n个省级行政区的有限集，农村公路发展水平根据m个评价指标进行评估，这m个评价指标被标记为。任何一个省级行政区对于每个评价指标的表现将构成一个离散数据序列。因此，农村公路发展水平评价通过使用灰色关联分析转化为离散数据序列。

（2）基于CRITIC方法的指标权重计算

基于CRITIC方法，m个指标的权重计算步骤具体如下：

步骤1：应用CRITIC方法计算权重之前，应以公式(3-18)的形式收集数据。

$$\varepsilon_{m\times n} = \begin{bmatrix} j_1(1) & j_1(2) & \cdots & j_1(n) \\ j_2(1) & j_2(1) & \cdots & j_2(n) \\ \vdots & \vdots & & \vdots \\ j_m(1) & j_m(1) & \cdots & j_m(n) \end{bmatrix} \quad (3\text{-}18)$$

式中：$j_m(n)$——第n个数据序列对应第m个评价指标的原始数据。

步骤 2：找到 $V_m(n)$，对步骤 1 形成的矩阵数据进行标准化处理，得出标准化后的矩阵。

如果 m 是正指标：

$$V_m(n) = \frac{j_m(n) - \min_m j_m(n)}{\max_m j_m(n) - \min_m j_m(n)} \tag{3-19}$$

如果 m 是逆指标：

$$V_m(n) = \frac{\max_m j_m(n) - j_m(n)}{\max_m j_m(n) - \min_m j_m(n)} \tag{3-20}$$

步骤 3：基于标准化后的矩阵使用公式(3-21)计算每个评价指标包含的信息量。

$$R_j = S_j \times \sum_{i=1}^{n}(1 - r_{ij}) \tag{3-21}$$

式中：R_j——第 j 个指标所包含的信息量；

S_j——第 j 个指标与其他指标间的标准差；

r_{ij}——第 i、j 两个指标之间的相关系数；

$\sum_{i=1}^{n}(1 - r_{ij})$——第 j 个指标与其他指标的冲突性量化指标值。

步骤 4：使用公式(3-22)计算每个评价指标的权重。

$$\omega_j = \frac{R_j}{\sum_{j}^{m} R_j} \tag{3-22}$$

最终，能获得每个指标的权重，即 $W = (w_1, w_2, \ldots, w_j), \sum_{j}^{m} w_j = 1$。

（3）基于灰色关联分析的评价结果计算

应用 CRITIC 方法计算评价指标权重后，基于灰色关联分析法评价结果计算步骤如下：

步骤 1：确定最优指标序列。

通过标准化矩阵找到最优指标序列。

$$V_0 = \{V_0(1), V_0(2), V_0(3), \cdots, V_0(m)\} \tag{3-23}$$

式中：$V_0(m)$——相对于第m个评价指标的最优值，最优值取决于标准化后每一个评价指标的最大数值。因此，$V_0(m) = \max_n V_n(m)$。

步骤2：使用公式(3-24)计算灰色关联系数。

$$\gamma_{oi}(j) = \frac{\min_n \min_m |V_0(m) - V_n(m)| + \rho \max_n \max_m |V_0(m) - V_n(m)|}{|V_0(m) - V_n(m)| + \rho \max_n \max_m |V_0(m) - V_n(m)|} \tag{3-24}$$

式中：ρ——分辨系数，一般情况下。分辨系数越小，分辨率越大，关联系数对指标数值的波动敏感程度越大。在通常情况下，因为当分辨系数取这个值的时候能提供较为合理的分辨效果。

步骤3：计算综合评判结果。

使用公式(3-24)计算灰色关联度以进行农村公路发展水平评价。

$$\gamma_i(j) = \sum_{j=1}^{n}(\gamma_{oi}(j) \times \omega_j), \sum_{j=1}^{n}\omega_j = 1 \tag{3-25}$$

式中：ω_j——第j个评价指标的权重，也即是由上述 CRITIC 方法计算得出的权重；

$\gamma_i(j)$——灰色关联度，表示参考序列与被比较序列的关联度大小。根据灰色关联度大小，作为评价农村公路发展水平的依据。

"四好农村路"高质量发展水平评价分析

乡村振兴背景下
"四好农村路"
高质量发展水平评价方法研究

乡村振兴背景下
"四好农村路"
高质量发展水平评价方法研究

4 "四好农村路"高质量发展水平评价分析

为科学评判"四好农村路"高质量发展有关工作取得的实际成效，本章将基于前述章节建立的评价指标体系，搜集并整理 2022 年全国及分地区的年度数据进行综合评价结果的测算及分析。

4.1 基础数据整理

通过调研、查阅大量文献及统计资料后，对全国及分地区数据进行加工整理，得到各评价指标的基础数据。其中，农村公路平均技术等级，农村公路水泥、沥青路面铺装率，30 户及以上自然村通硬化路占比，农村公路路网密度，平均每个建制村拥有路长数量，农村公路绿化率，农村公路就业岗位数量，县级行政区信息化应用覆盖率，农村公路四五类桥梁占比，优良中等路率，农村公路养护投资额占地方一般公共预算支出比例，城乡交通运输一体化水平 4A 及以上县比例，高品质农村客运服务覆盖率，建制村农村物流服务覆盖率和客货邮融合服务的县级行政区比例依次记为 X_1、X_2、X_3、X_4、X_5、X_6、X_7、X_8、X_9、X_{10}、X_{11}、X_{12}、X_{13}、X_{14} 和 X_{15}。最优指标集记为 X_0。

根据基础数据，确定最优指标集为：

$$[\boldsymbol{X}_0]^{\mathrm{T}} = [3.16, 100, 100, 202.57, 2.54, 100, 802263, 100, 0, 99.78, 1.21, 100, 100, 100, 100]$$

4.2 基础数据标准化

考虑到不同评价指标间的量纲不同，有必要对基础数据进行标准化处理。评价指标的标准化本质上是将不同量纲的指标或非定量化指标化为可以综合的无量纲的定量化指标。本研究利用极差正规化法将数据无量纲化，为后续开展"四好农村路"高质量发展水平评价做好准备。基础数据标准化处理结果如表 4-1 所示。

"四好农村路"高质量发展水平评价指标标准化后数据　　　表 4-1

地区	X_1	X_2	X_3	X_4	X_5	X_6	X_7	X_8	X_9	X_{10}	X_{11}	X_{12}	X_{13}	X_{14}	X_{15}
全国	0.28	0.86	0.82	0.21	0.26	0.64	1.00	0.47	0.82	0.72	0.28	0.82	0.44	0.84	0.57
北京	0.65	1.00	1.00	0.49	0.00	1.00	0.00	0.24	0.99	0.86	0.09	1.00	0.87	1.00	1.00
天津	0.39	1.00	1.00	0.45	0.09	0.61	0.01	0.18	1.00	0.67	1.00	1.00	0.68	0.98	0.50
河北	0.40	0.98	0.93	0.46	0.13	0.33	0.02	0.44	0.92	0.86	0.13	0.86	0.57	0.83	0.48
山西	0.44	0.92	0.77	0.38	0.22	0.45	0.02	0.33	0.89	0.82	0.08	0.84	0.51	0.57	0.51
内蒙古	0.36	0.68	0.70	0.04	0.17	0.00	0.02	0.03	0.59	0.54	0.30	0.00	0.20	0.00	0.30
辽宁	0.45	0.82	0.96	0.35	0.16	0.61	0.01	0.07	0.92	0.79	0.29	0.95	0.15	0.97	0.71
吉林	0.26	0.81	0.78	0.22	0.19	1.00	0.02	0.73	0.85	0.63	1.00	0.94	0.12	0.83	0.76
黑龙江	0.27	0.65	0.62	0.11	0.24	0.77	0.00	0.20	0.00	0.39	0.00	0.62	0.18	0.88	0.52
上海	1.00	1.00	0.89	0.87	0.62	0.99	0.00	0.50	1.00	1.00	0.29	1.00	1.00	1.00	1.00
江苏	0.71	1.00	1.00	0.66	0.20	0.99	0.00	0.56	0.98	0.49	1.00	1.00	0.63	0.99	0.61
浙江	0.51	1.00	1.00	0.51	0.47	0.94	0.03	0.75	0.99	0.89	0.84	1.00	0.62	0.99	0.74
安徽	0.28	1.00	0.97	0.79	0.37	1.00	0.02	0.43	0.83	0.97	0.26	0.80	0.41	0.94	0.47
福建	0.22	0.80	0.59	0.37	0.17	0.94	0.00	0.94	0.94	0.81	0.19	1.00	0.45	0.79	0.76
江西	0.24	0.96	1.00	0.53	0.43	0.38	0.02	0.49	0.80	0.82	0.44	0.99	0.44	0.67	0.69
山东	0.47	0.98	1.00	0.82	0.14	0.88	0.09	0.89	0.85	0.85	0.79	0.93	0.91	0.86	0.52
河南	0.33	0.98	1.00	0.70	0.10	0.96	0.07	0.41	0.73	0.77	0.12	0.86	0.29	0.92	0.73
湖北	0.24	0.93	1.00	0.70	0.19	0.49	0.04	0.57	0.73	0.83	0.08	0.96	0.26	0.80	0.71
湖南	0.16	0.90	1.00	0.46	0.39	0.75	0.05	0.42	0.77	0.00	0.21	0.97	0.12	0.83	0.60
广东	0.43	1.00	1.00	0.49	0.55	0.38	0.02	0.42	0.84	0.74	0.12	0.94	0.54	0.96	0.37
广西	0.22	0.91	0.91	0.28	0.14	0.29	0.01	0.34	0.73	0.64	0.13	0.77	0.43	0.81	0.44
海南	0.19	0.99	1.00	0.52	0.96	0.93	0.01	0.56	0.58	0.94	0.12	1.00	0.45	1.00	0.58
重庆	0.13	0.73	1.00	1.00	0.68	0.65	0.04	0.26	0.89	0.56	0.11	0.95	0.27	0.83	0.71
四川	0.17	0.91	0.16	0.34	0.26	0.64	0.14	0.51	0.88	0.62	0.10	0.95	0.35	1.00	0.73
贵州	0.09	0.93	1.00	0.48	0.54	0.40	0.06	1.00	0.71	0.71	0.13	0.84	0.37	0.80	0.53
云南	0.13	0.72	0.16	0.33	1.00	0.76	0.03	0.09	0.77	0.81	0.42	0.83	0.38	0.79	0.59
西藏	0.00	0.00	0.00	0.00	0.28	0.36	0.03	0.10	0.53	0.74	0.12	0.04	0.00	1.00	0.00
陕西	0.19	0.86	0.56	0.36	0.25	0.66	0.03	0.42	0.83	0.51	0.17	0.91	0.28	0.79	0.51
甘肃	0.21	0.84	0.60	0.11	0.25	0.43	0.00	0.45	0.67	0.84	0.23	0.97	0.22	0.89	0.68
青海	0.04	0.30	0.40	0.01	0.19	0.61	0.00	0.06	0.99	0.33	0.00	0.35	0.66	0.47	0.17
宁夏	0.43	0.88	0.96	0.10	0.58	0.01	0.17	0.88	0.50	0.23	0.88	0.34	0.84	0.35	
新疆	0.19	0.70	0.84	0.02	0.24	0.74	0.04	0.00	0.55	0.79	0.04	0.76	0.16	0.51	0.51

4.3 评价指标权重计算

权重用以衡量各基础指标的相对重要性,由于 CRITIC 方法是基于评价指标的对比强度和指标之间的冲突性来综合衡量指标的客观权重,因此结合前述章节的研究分析,选择 CRITIC 方法对指标层及属性层指标权重进行计算。计算结果如表 4-2 所示。

指标层及属性层指标权重　　　　表 4-2

指标	冲突性量化指标	标准差	信息量	归一化算权重
X_1	1.5885	0.2022	0.3212	0.2521
X_2	1.1520	0.2108	0.2429	0.1906
X_3	1.2571	0.2771	0.3484	0.2735
X_4	1.4094	0.2565	0.3616	0.2838
X_5	2.8331	0.2346	0.6646	0.2682
X_6	2.5747	0.2561	0.6593	0.2661
X_7	2.9584	0.1711	0.5061	0.2042
X_8	2.5014	0.2591	0.6481	0.2615
X_9	1.5386	0.1948	0.2997	0.3036
X_{10}	1.5408	0.2072	0.3192	0.3234
X_{11}	1.5665	0.2350	0.3681	0.3729
X_{12}	1.3432	0.2476	0.3326	0.2165
X_{13}	2.1507	0.2359	0.5073	0.3302
X_{14}	1.8410	0.2019	0.3717	0.2420
X_{15}	1.5963	0.2033	0.3245	0.2113
建设好	1.4467	0.1314	0.1901	0.3142
管理好	1.5971	0.0908	0.1451	0.2398
养护好	1.3084	0.1017	0.1331	0.2200
运营好	1.1378	0.1201	0.1367	0.2260

4.4 求解关联系数矩阵

将基础数据标准化处理后,通过灰色关联分析法,取 $\rho = 0.5$,计算各评价指标与最优指标的关联度系数，计算结果如表 4-3 所示。

关联系数计算结果　　　　　　　　　　　表 4-3

地区	X_1	X_2	X_3	X_4	X_5	X_6	X_7	X_8	X_9	X_{10}	X_{11}	X_{12}	X_{13}	X_{14}	X_{15}
全国	0.4088	0.7837	0.7398	0.3875	0.4044	0.5828	1.0000	0.4856	0.7397	0.6413	0.4085	0.7389	0.4727	0.7532	0.5397
北京	0.5889	1.0000	1.0000	0.4946	0.3333	1.0000	0.3341	0.3977	0.9798	0.7777	0.3552	1.0000	0.7896	1.0000	1.0000
天津	0.4487	1.0000	1.0000	0.4745	0.3553	0.5633	0.3354	0.3787	1.0000	0.6021	0.3333	1.0000	0.6100	0.9613	0.4991
河北	0.4542	0.9659	0.8824	0.4799	0.3651	0.4287	0.3387	0.4734	0.8554	0.7839	0.3655	0.7778	0.5369	0.7436	0.4890
山西	0.4721	0.8619	0.6879	0.4474	0.3904	0.4757	0.3375	0.4263	0.8224	0.7355	0.3517	0.7530	0.5046	0.5404	0.5044
内蒙古	0.4403	0.6132	0.6215	0.3436	0.3756	0.3333	0.3386	0.3401	0.5513	0.5190	0.4163	0.3333	0.3848	0.3333	0.4158
辽宁	0.4748	0.7349	0.9184	0.4353	0.3719	0.5626	0.3358	0.3500	0.8634	0.7078	0.4134	0.9084	0.3702	0.9405	0.6352
吉林	0.4038	0.7273	0.6923	0.3910	0.3804	1.0000	0.3390	0.6500	0.7736	0.5742	1.0000	0.8903	0.3616	0.7468	0.6737
黑龙江	0.4059	0.5905	0.5696	0.3592	0.3981	0.6830	0.3350	0.3844	0.3333	0.4518	0.3513	0.5693	0.3800	0.8093	0.5115
上海	1.0000	1.0000	0.8182	0.7916	0.5653	0.9811	0.3334	0.4977	0.9988	1.0000	0.4145	1.0000	1.0000	1.0000	1.0000
江苏	0.6306	1.0000	1.0000	0.5975	0.3857	0.9878	0.3430	0.5344	0.9526	0.9622	0.4930	1.0000	0.5767	1.0000	0.5612
浙江	0.5029	0.9976	1.0000	0.5071	0.4831	0.8912	0.3390	0.6696	0.9869	0.8179	0.7541	1.0000	0.5686	0.9721	0.6613
安徽	0.4088	0.9943	0.9494	0.7019	0.4414	0.9982	0.3382	0.4661	0.7491	0.9391	0.4035	0.7165	0.4594	0.8946	0.4847
福建	0.3896	0.7121	0.5488	0.4428	0.3760	0.8876	0.3344	0.8927	0.8930	0.7284	0.3829	1.0000	0.4775	0.7013	0.6800
江西	0.3953	0.9286	1.0000	0.5177	0.4679	0.4458	0.3384	0.4927	0.7117	0.7392	0.4716	0.9771	0.4710	0.6000	0.6136
山东	0.4843	0.9608	1.0000	0.7376	0.3685	0.8032	0.3534	0.8252	0.7663	0.7723	0.6994	0.8784	0.8496	0.7768	0.5079
河南	0.4262	0.9630	1.0000	0.6218	0.3568	0.9223	0.3499	0.4581	0.6508	0.6874	0.3629	0.7859	0.4126	0.8571	0.6494
湖北	0.3977	0.8756	1.0000	0.6247	0.3803	0.4972	0.3436	0.5369	0.6486	0.7472	0.3524	0.9327	0.4025	0.7131	0.6296
湖南	0.3732	0.8319	1.0000	0.4793	0.4493	0.6667	0.3438	0.4633	0.6821	0.3333	0.3865	0.9446	0.3615	0.7436	0.5526
广东	0.4685	1.0000	1.0000	0.4972	0.5276	0.4478	0.3383	0.4633	0.7609	0.6595	0.3614	0.8895	0.5200	0.9255	0.4412
广西	0.3892	0.8518	0.8491	0.4098	0.3687	0.4124	0.3354	0.4296	0.6488	0.5844	0.3641	0.6857	0.4661	0.7250	0.4730
海南	0.3828	0.9893	1.0000	0.5103	0.9304	0.8789	0.3353	0.5296	0.5414	0.8857	0.3623	1.0000	0.4765	1.0000	0.5443
重庆	0.3660	0.6510	1.0000	1.0000	0.6107	0.5883	0.3419	0.4020	0.8167	0.5332	0.3588	0.9024	0.4060	0.7500	0.6296
四川	0.3747	0.8463	0.3719	0.4318	0.4026	0.5792	0.3685	0.5046	0.8031	0.5659	0.3576	0.9166	0.4356	1.0000	0.6524
贵州	0.3534	0.8754	1.0000	0.4880	0.5197	0.4548	0.3472	1.0000	0.6319	0.6295	0.3656	0.7616	0.4420	0.7190	0.5133
云南	0.3655	0.6390	0.3719	0.4270	1.0000	0.6728	0.3403	0.3552	0.6836	0.7236	0.4633	0.7479	0.4483	0.7056	0.5484
西藏	0.3333	0.3333	0.3333	0.3333	0.4101	0.4378	0.3402	0.3571	0.5168	0.6567	0.3620	0.3435	0.3333	1.0000	0.3333
陕西	0.3807	0.7793	0.5294	0.4394	0.4011	0.5973	0.3401	0.4649	0.7436	0.5057	0.3746	0.8516	0.4108	0.7073	0.5061
甘肃	0.3869	0.7592	0.5556	0.3597	0.4007	0.4686	0.3428	0.4754	0.6040	0.7556	0.3926	0.9499	0.3909	0.8246	0.6084
青海	0.3422	0.4158	0.4545	0.3366	0.3818	0.5600	0.3333	0.3471	0.9898	0.4275	0.3343	0.4354	0.5943	0.4833	0.3748
宁夏	0.4663	0.8109	0.9184	0.3839	0.3569	0.5449	0.3345	0.3771	0.8096	0.4977	0.3947	0.8109	0.4293	0.7632	0.4333
新疆	0.3816	0.6237	0.7594	0.3389	0.3975	0.6537	0.3414	0.3333	0.5278	0.7068	0.3427	0.6715	0.3730	0.5058	0.5044

4.5 发展水平评价值测算

采用灰色关联分析法测算"四好农村路"高质量发展水平评价值。属性层及目标层发展水平评价值测算模型为：

$$R_i = W_i E_i \tag{4-1}$$

式中：R_i——某一属性层或目标层指标发展水平评价值；

W_i——属性层或目标层指标权重；

E_i——属性层或目标层指标对应的关联系数。

4.5.1 属性层发展水平评价值测算

$$\boldsymbol{R}(建设好) = (0.2521, 0.1906, 0.2735, 0.2838) \times$$
$$\begin{bmatrix} 0.4088 & 0.5889 & \cdots & 0.3816 \\ 0.7837 & 1.0000 & \cdots & 0.6237 \\ 0.7398 & 1.0000 & \cdots & 0.7594 \\ 0.3875 & 0.4946 & \cdots & 0.3389 \end{bmatrix} (0.5647, 0.7529, \cdots, 0.5189)$$

$$\boldsymbol{R}(管理好) = (0.2682, 0.2661, 0.2042, 0.2615) \times$$
$$\begin{bmatrix} 0.4044 & 0.3333 & \cdots & 0.3975 \\ 0.5828 & 1.0000 & \cdots & 0.6537 \\ 1.0000 & 0.3341 & \cdots & 0.3414 \\ 0.4856 & 0.3977 & \cdots & 0.3333 \end{bmatrix} (0.5947, 0.5277, \cdots, 0.4374)$$

$$\boldsymbol{R}(养护好) = (0.3036, 0.3234, 0.3729) \times$$
$$\begin{bmatrix} 0.7397 & 0.9798 & \cdots & 0.5278 \\ 0.6413 & 0.7777 & \cdots & 0.7068 \\ 0.4085 & 0.3552 & \cdots & 0.3427 \end{bmatrix} (0.5843, 0.6815, \cdots, 0.5167)$$

$$\boldsymbol{R}(运营好) = (0.2165, 0.3302, 0.2420, 0.2113) \times$$
$$\begin{bmatrix} 0.7389 & 1.0000 & \cdots & 0.6715 \\ 0.4727 & 0.7896 & \cdots & 0.3730 \\ 0.7532 & 1.0000 & \cdots & 0.5058 \\ 0.5397 & 1.0000 & \cdots & 0.5044 \end{bmatrix} (0.6124, 0.9305, \cdots, 0.4975)$$

4.5.2 目标层发展水平评价值测算

$$R(目标层) = (0.3142, 0.2398, 0.2200, 0.2260) \times \begin{bmatrix} 0.5647 & 0.7529 & \cdots & 0.5189 \\ 0.5947 & 0.5277 & \cdots & 0.4374 \\ 0.5843 & 0.6815 & \cdots & 0.5167 \\ 0.6124 & 0.9305 & \cdots & 0.4975 \end{bmatrix} (0.5870, 0.7233, \cdots, 0.4940)$$

各层次发展水平评价值测算结果如表 4-4 所示。

"四好农村路"各层次发展水平评价值测算结果　　　表 4-4

地区	建设好（属性层）	管理好（属性层）	养护好（属性层）	运营好（属性层）	"四好农村路"目标层
全国	0.5647	0.5947	0.5843	0.6124	0.5870
北京	0.7529	0.5277	0.6815	0.9305	0.7233
天津	0.7119	0.4127	0.6227	0.7560	0.6305
河北	0.6761	0.4050	0.6496	0.6290	0.5946
山西	0.5984	0.4117	0.6187	0.5670	0.5510
内蒙古	0.4954	0.3475	0.4905	0.3677	0.4300
辽宁	0.6345	0.4095	0.6453	0.6807	0.5934
吉林	0.5407	0.6073	0.7935	0.6352	0.6337
黑龙江	0.4726	0.4574	0.3784	0.5527	0.4663
上海	0.8911	0.6109	0.7813	1.0000	0.8244
江苏	0.7926	0.5761	0.7843	0.7675	0.7332
浙江	0.7343	0.6110	0.8454	0.7792	0.7393
安徽	0.7514	0.5749	0.6817	0.6257	0.6654
福建	0.5097	0.6388	0.6495	0.6876	0.6116
江西	0.6971	0.4421	0.6311	0.6419	0.6089
山东	0.7880	0.6005	0.7433	0.7660	0.7283
河南	0.7409	0.5323	0.5553	0.6510	0.6298
湖北	0.7179	0.4448	0.5700	0.6404	0.6024
湖南	0.6621	0.4892	0.4591	0.6206	0.5666
广东	0.7233	0.4509	0.5791	0.6815	0.6168
广西	0.6090	0.3894	0.5218	0.5777	0.5301
海南	0.7034	0.6903	0.5859	0.7308	0.6806
重庆	0.7737	0.4953	0.5542	0.6440	0.6293
四川	0.4800	0.4693	0.5602	0.7221	0.5498

续上表

地区	建设好（属性层）	管理好（属性层）	养护好（属性层）	运营好（属性层）	"四好农村路"目标层
贵州	0.6679	0.5928	0.5318	0.5933	0.6031
云南	0.4368	0.6096	0.6144	0.5966	0.5534
西藏	0.3333	0.3893	0.5043	0.4969	0.4213
陕西	0.5140	0.4575	0.5291	0.5981	0.5228
甘肃	0.4963	0.4265	0.5742	0.6628	0.5343
青海	0.3854	0.4102	0.5635	0.4867	0.4534
宁夏	0.6322	0.4076	0.5540	0.5935	0.5524
新疆	0.5189	0.4374	0.5167	0.4975	0.4940

4.6 发展水平评价结果分析

截至 2022 年底，全国"四好农村路"发展平均水平为 0.5870，其中，上海、浙江、江苏、山东、北京、海南、安徽、吉林、天津、河南、重庆、广东、福建、江西、贵州、湖北、河北、辽宁 18 个省（直辖市）"四好农村路"发展评价值均高于全国平均水平。整体来看，东部地区、中部地区的"四好农村路"发展水平评价值高于西部地区和东北地区。西部地区、东北地区"四好农村路"发展水平评价值分别达到 0.5228、0.5644，均低于全国"四好农村路"发展平均水平。我国"四好农村路"分区域发展水平评价值及排序结果如图 4-1 及表 4-5 所示。

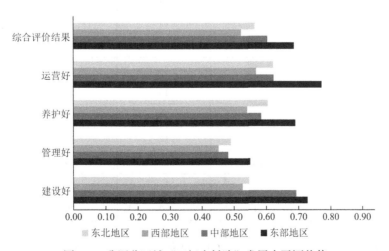

图 4-1 我国分区域"四好农村路"发展水平评价值

全国各省"四好农村路"发展水平评价值排序　　　表 4-5

地区	"四好农村路"目标层	建设好（属性层）	管理好（属性层）	养护好（属性层）	运营好（属性层）
上海	1	1	4	4	1
浙江	2	8	3	1	3
江苏	3	2	9	3	4
山东	4	3	7	5	5
北京	5	5	12	7	2
海南	6	12	1	15	7
安徽	7	6	10	6	19
吉林	8	21	6	2	17
天津	9	11	23	12	6
河南	10	7	11	21	13
重庆	11	4	13	22	14
广东	12	9	18	16	10
福建	13	24	2	9	9
江西	14	13	20	11	15
贵州	15	15	8	24	24
湖北	16	10	19	18	16
河北	17	14	28	8	18
辽宁	18	17	26	10	11
湖南	19	16	14	30	20
云南	20	29	5	14	22
宁夏	21	18	27	23	23
山西	22	20	24	13	26
四川	23	27	15	20	8
甘肃	24	25	22	17	12
广西	25	19	29	26	25
陕西	26	23	16	25	21
新疆	27	22	21	27	28
黑龙江	28	28	17	31	27
青海	29	30	25	19	30
内蒙古	30	26	31	29	31
西藏	31	31	30	28	29

建设方面，截至 2022 年底，全国"四好农村路"建设水平达到 0.5647，其

中，东部地区为 0.7283，中部地区为 0.6947，西部地区及东北地区农村公路基础设施建设水平总体滞后，较东部地区分别低了 0.20 和 0.18。上海、江苏、山东、重庆、北京农村公路建设水平排在全国前 5 位，分别超过全国平均水平 0.33、0.23、0.22、0.21 和 0.19，其建设发展经验值得借鉴。上海市为推动农村公路建设发展，积极编制农村公路建设规划，鼓励区镇有序建设和改造农村公路，编制了《农村公路规划设计导则》，指明了建设标准化、高品质农村公路的方向。江苏省印发了《全省农村公路提档升级工程三年行动计划》，安排专项资金用于农村公路建设，组织各地编制农村公路建设项目库；遵循省政府出台的《关于实施农村公路提档升级工程的意见》，全面推进全省行政村通双车道四级路改造建设。

管理方面，截至 2022 年底，全国"四好农村路"管理水平达到 0.5947。其中，东部地区管理水平最高，达到 0.5524；东北地区次之，达到 0.4914；西部地区管理水平最低，达到 0.4527。海南、福建、浙江、上海、云南农村公路管理水平排在全国前 5 位，分别超过全国平均水平 0.10、0.04、0.02、0.02 和 0.01。其中，为提升农村公路管理水平，海南省建设了电子地图管理平台，将农村公路管理工作系统化、模块化、智能化；在全省范围内部署实施农村公路管理"路长制"，进一步有效落实管养责任。云南建立了"县有路政员、乡有监管员、村有协管员"的管理体系，管理机构及人员运转经费均纳入地方财政预算；同时，在已建立 17 个县级智慧管理平台的基础上，逐步加强信息化手段在农村公路管理工作中的推广和覆盖。

养护方面，截至 2022 年底，全国"四好农村路"养护水平达到 0.5843，其中，东部地区达到 0.6923、中部地区达到 0.5860、西部地区达到 0.5429、东北地区达到 0.6057。浙江、吉林、江苏、上海、山东农村公路养护水平排在全国前 5 位，分别超过全国平均水平 0.26、0.21、0.20、0.20 和 0.16。其中，浙江省以提升路况水平为核心，定期开展农村公路技术状况检测评定，推行自动化快速检测，实现周期性养护良性循环。吉林省推动县级政府将农村公路日常养护资金纳入本级财政预算予以保障，县、乡、村道每年每公里分别按照不低于 2.5 万元、1万元和5000元的标准安排小修保养资金；突出开展桥梁防护、连续长陡下坡安全隐患排查整治，确保农村公路保持安全运行状态。

运营方面，截至2022年底，全国"四好农村路"运营水平达到0.6124，其中，东部地区达到0.7728、中部地区达到0.6244、西部地区达到0.5698、东北地区达到0.6229。上海、北京、浙江、江苏、山东农村公路运营水平排在全国前5位，分别超过全国平均水平0.39、0.32、0.17、0.16和0.15。其中，北京市积极实施"村村通快递"工程，依托远郊区综合运输服务站建设，推进"区域集散、网点驻乡、投递进村"的农村快递共同配送平台建设。山东省按照试点先行、逐步推广的原则，先后开展了城乡客运公交化试点、城乡公交一体化示范县创建、省定贫困村客运站点建设等一系列活动，持续优化城乡客运（公交）线网布局，不断提升服务质量、公交化比例和运力结构水平。

"四好农村路"发展水平评价系统功能设计与使用指南

乡村振兴背景下
"四好农村路"
高质量发展水平评价方法研究

乡村振兴背景下
"四好农村路"
高质量发展水平评价方法研究

5 "四好农村路"发展水平评价系统功能设计与使用指南

5.1 系统开发背景

为贯彻落实党中央、国务院关于"四好农村路"的决策部署，满足新时代人民群众对美好生活的需要，支撑服务脱贫攻坚、乡村振兴和建设现代化经济体系，交通运输部、国家发展改革委等八部门联合印发了《关于推动"四好农村路"高质量发展的指导意见》，明确提出实施脱贫攻坚补短板、乡村振兴促发展、凝聚民心助增收、统筹城乡提服务、长效机制强管养、典型带动示范引领等八大重点工作任务。在此基础上，交通运输部、财政部、农业农村部和国家乡村振兴局联合印发了《关于深化"四好农村路"示范创建工作的意见》，进一步明确了"四好农村路"全国示范县、示范市、示范省的创建标准和工作程序。同时，要求评审组专家按照示范评分细则对全国"四好农村路"示范创建申报单位进行评分。

全国"四好农村路"示范创建评分工作填报单位包含县级、市级以及省级等申报单位，填报单位数量众多。每位专家需要按照评分细则的有关要求填写相应的评价指标。若通过纸质文件开展工作，每年需要花费大量精力进行人工梳理，工作效率不高，形式不灵活，机动性较差。在此背景下，亟须对数据填写方式及评分形式等环节进行创新，同时兼顾长远，提升数据处理效率及展示水平。因此，开发"四好农村路"发展水平评价系统能够为行业管理部门实现自动化计算评价结果，辅助其完成日常的评价管理工作。

5.2 功能设计思路

5.2.1 应用场景

"四好农村路"发展水平评价系统的应用对象为全国示范县、示范市及示范省等示范申报单位。交通运输部有关人员通过本软件系统对我国"四好农村路"示范申报单位进行评分,并形成评估结果,以此作为示范创建决策、实施行业指导、开展绩效考核的量化依据。省级、地市级及以下交通运输行业主管部门可在本系统基础上结合地方实际,在充分考虑地方"四好农村路"发展实绩及统计基础的条件下对本系统进行适当扩展和改造。系统的开发和使用,将有助于各申报单位客观认识本辖区范围内农村公路发展水平,查找不足之处,有针对性地补齐短板。

5.2.2 功能目标

1)总体目标

通过使用现代的数据处理技术、通信技术等相关计算机技术开发"四好农村路"发展水平评价系统,实现对农村公路所包含的建设、管理、养护、运营等核心要素涉及的相关数据进行统一管理和分析,从而了解全国农村公路发展取得的实际成果水平。同时,基于软件系统提供的自动评分及统计分析功能,实现对不同地区间"四好农村路"发展水平的横向对比以及同一地区间不同时期发展水平的纵向比较,为各级行业主管部门摸清现状、发现问题、制定相关政策提供量化支撑。

2)具体目标

(1)按照行政区划对各地区"四好农村路"发展水平涉及的指标基础数据进行收集、存储、汇总。

(2)遵循既定的评分规则,对录入的各项基础指标数据实际得分实现自动运算。

(3)按照不同用户、不同指标、不同时期等维度进行数据的统计与分析。

(4)通过软件系统功能模块,实现对基础指标数据的导入及"四好农村路"发展水平评价结果的导出。

5.3 软件系统使用指南

5.3.1 软件简介

"四好农村路"发展水平评价系统采用 Visual Studio 作为开发工具进行开发，编程语言为 C#4.0，同时结合本书中的理论成果，通过输入各项评价指标基础数据，自动测算得出各行政区域"四好农村路"发展水平评价数值，从而为评价农村公路综合发展水平提供定量化的依据。此外，软件系统为提高工作效率，还设置了指标录入与查询、指标统计与分析、指标导入与导出、行政区划管理等功能模块。

5.3.2 软件安装环境

1）硬件环境

标准配置：CPU 为双核 2.0GHz 及以上；内存为 2G 及以上；硬盘为 100G 及以上。

2）软件环境

操作系统：WinXP/Win7/Win10；数据库：MySQL server 5.7.20；数据库管理工具：Navicat Premium 11.1.8。

"四好农村路"发展水平评价系统功能框架如图 5-1 所示。

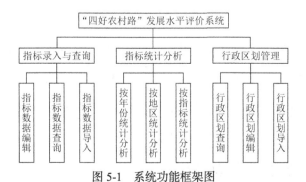

图 5-1 系统功能框架图

5.3.3 系统主要功能使用说明

1）系统登录

双击【"四好农村路"发展水平评价系统 V1.0】图标，进入系统的登录界面。登录界面如图 5-2 所示，用户输入用户名、密码（用户初始密码为 0000），点击【登录】，即可进入系统。勾选【记住账号】后登录，则同一用户再次登录系统时可免输用户名。

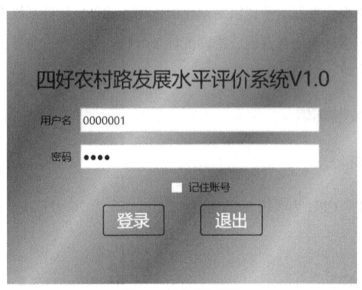

图 5-2 系统登录界面

系统主界面如图 5-3 所示，菜单栏包括指标录入与查询、指标统计与分析、行政区划管理、用户管理等模块。

2）指标查询

首先在指标导航窗口选择指标类别（包括综合、建设、管理、养护、运营），并选定查询年份和行政区划，然后点击【查询】，系统将根据用户的选择显示具体的指标及相应的值。如图 5-4 所示，右侧结果统计窗口显示当前查询的行政区划的评价得分，通过点击【各项指标得分统计】可以打开指标统计与分析窗口，以图表的形式展现当前指标统计信息。

5 "四好农村路"发展水平评价系统功能设计与使用指南

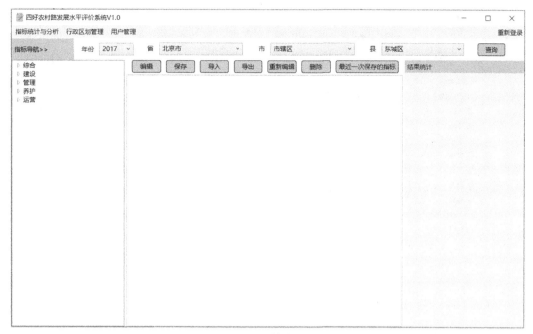

图 5-3　系统主界面

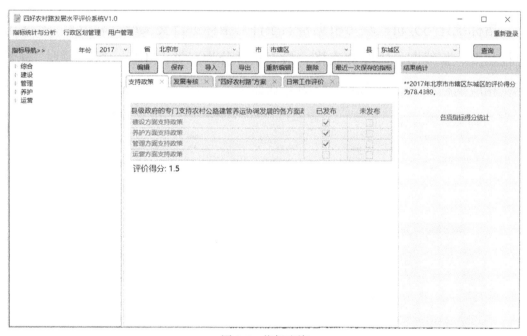

图 5-4　指标查询

3）指标导入

点击【导入】按钮，选择需要导入的指标文件，如图 5-5 所示，如果弹出"保存成功"对话框，则指标导入成功，否则导入失败。

75

图 5-5　选择导入指标文件

4）指标统计分析

指标统计与分析模块可根据检索条件对指标进行交叉统计和分析，绘制相应柱状图、折线图、饼图和表格。检索条件分为三类：年份、行政区划、子指标，相应的柱状图、折线图和饼图分别如图 5-6～图 5-8 所示。

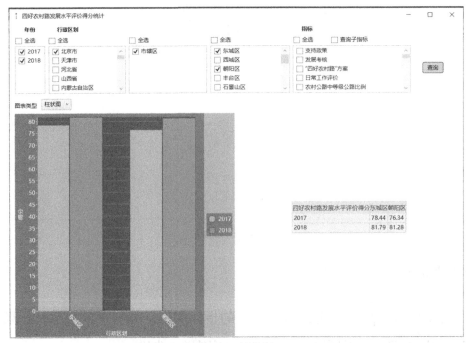

图 5-6　柱状图

5 "四好农村路"发展水平评价系统功能设计与使用指南

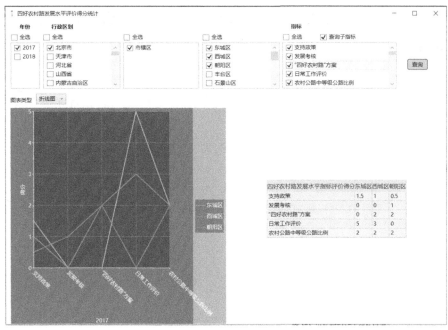

图 5-7 折线图

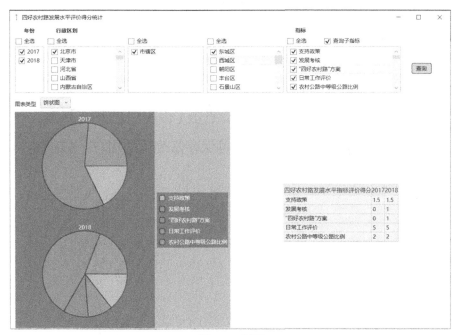

图 5-8 饼图

5）行政区划编辑

点击【行政区划管理】，打开行政区划管理窗口，行政区划编辑前需进行行政区划查询操作，然后勾选需编辑的某个行政区划，点击【编辑】，弹出行政区

77

划编辑窗口，编辑完后点击【确定】并确认即可保存编辑后的行政区划数据，如图 5-9 所示。

图 5-9　行政区划编辑

6）修改用户密码

点击【用户管理】，打开用户管理窗口，修改用户密码前需进行用户查询操作，然后勾选需要修改密码的某个用户，点击【修改用户密码】，弹出密码修改窗口，编辑完后点击【确定】并确认即可保存修改后的用户，如图 5-10 所示。

图 5-10　修改用户密码

我国"四好农村路"高质量发展对策建议

乡村振兴背景下
"四好农村路"
高质量发展水平评价方法研究

乡村振兴背景下
"四好农村路"
高质量发展水平评价方法研究

6 我国"四好农村路"高质量发展对策建议

6.1 强化顶层设计，建设好农村公路

6.1.1 科学制定顶层规划设计

科学合理的发展规划是农村公路健康、可持续发展的保障。坚持以人民为中心，从实际需求出发，在全面开展农村公路普查、摸清农村公路发展现状的基础上，以交通运输部印发的《农村公路中长期发展纲要》为指引，组织各地区编制农村公路发展规划。以规划为引领，强化与国道、省道以及其他交通运输方式发展规划的协调，充分考虑与美丽乡村建设、产业布局、全域旅游等专项工作有效衔接，构建布局科学、结构合理、衔接顺畅、能力适应的农村公路网络，充分发挥农村交通基础设施在乡村振兴发展中的先导和支撑作用。

6.1.2 编制《美丽生态文明农村路建设规范》

提升农村公路建设品质，编制《美丽生态文明农村路建设规范》，从前期工作、技术要点、评定标准、监督管理、资金保障等方面明确美丽生态文明农村路建设遵循的要求，科学有效地指导美丽生态文明农村路的建设工作。按照崇尚自然、因地制宜、突出特色、生态环保的建设理念，将自然生态、风土人情、乡土文化融入农村公路规划建设中，高标准推进美丽生态文明农村路建设。在此基础上，结合《美丽生态文明农村路建设规范》的技术要求和评定标准，依托县道乡道改造、农村旅游路、建制村通硬化路等建设项目，打造一批美丽生态文明农村公路示范路，发挥品质工程的示范带动效应。

6.1.3 进一步提升农村公路的覆盖水平

加大县道升级改造力度，提高三级及以上公路对农村地区的连通覆盖水平。加快完善农村公路网络，推进撤并建制村、抵边自然村和 20 户以上自然村通硬化路建设。紧密结合群众出行及货物流通实际需求，根据村（居）群众居住分布情况，全力打通市县之间、毗邻县间、村村之间断头路，不断完善乡村公路"毛细血管"，充分发挥农村公路的公益性、先导性和服务性特征，真正实现"四好农村路"建设模式由数量增长型逐步向质量提高型的转变。

6.2 提升治理能力，管理好农村公路

6.2.1 推广实施农村公路管养"路长制"体系

按照《国务院办公厅关于深化农村公路管理养护体制改革的意见》《交通运输部关于全面做好农村公路"路长制"工作的通知》有关要求，研究出台《关于全面推行农村公路"路长制"的指导意见》。以指导意见为基础，推广实施"路长制"管理模式，积极推进路长信息登记和公开公示工作，建立路长基本信息库和责任体系框架，明确各级路长和路长日常工作机构，制定工作规则、管理制度和考核办法，全面形成党委领导、政府主导、部门协同、各方参与、运转高效的工作格局。

6.2.2 提升农村公路数字化管理水平

针对农村公路点多、面广、管理难度较大的实际情况，选取有条件的地区整合路政、公安、安监等部门管理资源，试点打造农村公路信息化管理平台，推动农村公路从完善常规措施向数字化智能化提速转变。同时，充分利用物联网、云计算、卫星遥感、地理信息、MEMS 传感器等新一代技术，推动农村公路管理的智能化、便捷化。指导试点地区进行智慧化管理探索，完善农村公路

动静态数据库，建立农村公路数据及电子地图数据维护、更新、应用机制，实现数出一源、标准一致。

6.2.3 推进高分遥感技术在农村公路项目管理中应用

高分遥感技术具有时效性强、覆盖范围广、分辨率高等特点，通过综合遥感信息解译分析，可快速获取公路建设区域的地物地貌情况。推动高分遥感技术在农村公路电子地图数据核查工作中的应用，以逐步解决现有农村公路电子地图中各种线位不准、属性错误、信息缺失等问题。同时，加快遥感卫星、App、GIS 系统等信息化手段在农村公路项目管理上应用，实时掌握农村公路项目的空间位置、现场状况和技术指标，实现对农村公路的精细化管理。

6.3 创新模式方法，养护好农村公路

6.3.1 建立农村公路养护绩效评价机制

目前，全国农村公路列养率达到 98.91%，优良路率达到 57.03%，在庞大的农村公路养护里程基数基础上，为巩固已有养护成果，持续提升养护质量，有必要开展农村公路养护绩效评价研究工作，提出农村公路养护绩效评价指标体系，为评价农村公路养护状况提供科学依据。通过强化和细化农村公路养护的相关考核指标，总结农村公路在养护中的成就与不足，有效提升农村公路的养护水平，实现农村公路养护的规范化管理。同时，推动各级政府将"四好农村路"养护绩效评价结果纳入政府目标责任考核体系，将考核结果作为干部综合考核评价的重要内容。

6.3.2 实施农村公路养护市场化

结合国家和中央相关部委关于农村公路养护管理模式相关试点工作，深化养护市场改革，探索农村公路养护示范新模式。根据各地区不同情况，因地制

宜地开展养护模式探索。通过税费减免、经营和设备购置补贴、人才培训等措施政策，扶持本地企业开展农村公路管理养护业务，扭转具备农村公路管理养护资质的企业较少的被动局面。同时，每年保证一定比例市本级和县级财政资金投入，通过政府购买专业化养护公司和机构养护服务，实行合同管理、计量支付，全面提升养护工作质量和效能。

6.3.3 推进农村公路养护标准化

牢牢把握建设美丽乡村的有力契机，探索建立农村公路标准化养护流程，将农村公路打造成为"山水林田湖、城镇乡村景"的连接线。按照"路基完整稳定，路面平整干净，路肩整齐平顺，边坡整洁美观，水沟排水通畅，桥涵防护坚实"的养护标准，以季节性重点养护为抓手，探索建立一套可复制、可示范的养护标准化手册，逐步提升农村公路的安全防护水平和服务品质。同时，定期开展农村公路技术状况检测评定，推行自动化快速检测，确保农村公路养护工作的周期性与良性循环，将农村公路打造成为美丽乡村的一道亮丽风景线。

6.4 探索长效机制，运营好农村公路

6.4.1 高标准营造和维护农村路域环境

结合农村人居环境整治和美丽乡村建设，开展农村公路路域环境建设调研摸底工作，发现和梳理存在的主要问题和原因。在摸底调研的基础上有针对性地实施农村公路路域环境整治行动，重点整治垃圾、沿路建筑、占用公路、沿线绿化、经过乡镇村庄路段等，推进实施"路田分家""路宅分家"，高标准营造"畅通、安全、舒适、美丽、洁净"的农村公路出行环境。同时，充分利用已有公路站段、道班房屋等资源并结合当地文化特色，因地制宜打造农村公路品牌文化，将道班及公路站段发展成为独具特色的公路休闲驿站、旅游观光景点及乡村休闲聚会场所。

6.4.2 提升农村客运服务品质

因地制宜精准施策，深挖农村客运发展潜力。通过采取班线延伸、区域经营、预约响应等方式，丰富农村客运运营组织模式，以适应农村客源点多、面广和布局分散的特征，实现农村客运"纵向到底、横向到边"。进一步提升农村客运公交化运营服务占比，遵循试点先行、循序渐进、分步实施的原则，稳步推进农村客运公交化改造，确保农村客运"开得通、留得住、服务好"。研究制定农村客运与旅游融合发展规划，引导农村客运与乡村旅游协同发展，形成以游促运、以运助游的新格局。

6.4.3 完善农村物流供应链网络

指导县级交通运输主管部门编制、修订和落实农村物流三级网络节点体系发展规划，根据各地工农业产品生产情况，整合发改、农业、商务、供销、邮政等部门资源，搭建农村物流供应链网络。进一步丰富和完善乡镇综合运输服务站功能，不断提升物流货运服务能力，在需求旺盛、条件符合的乡镇和建制村，依托乡镇综合运输服务站等设施，借鉴城市仓储配送模式，试点农村物流"仓储＋配送"模式，提高货运物流、快递物流进村时效。进一步支撑农村电商快速发展，提高建制村通快递率。

6.5 完善配套措施，保障好农村公路

6.5.1 建立考核评价机制，提升统计分析水平

建立"四好农村路"高质量发展考核评价机制，对"四好农村路"发展规划、实施方案、行动计划等有关文件确定的重点任务完成情况进行重点督查，定期进行专项督导服务，适时开展实施效果第三方评估考核，确保工作任务落实。同时，进一步提升"四好农村路"统计分析水平，从农村公路建设、管理、

养护、运营等方面完善统计指标。加强对行业管理部门及相关企业统计人员培训，提高数据统计质量。注重对农村公路发展中出现的新问题、新情况、新趋势的跟踪研究。

6.5.2　出台资金扶持政策，保障农村客运长效发展

结合乡村振兴和可持续发展战略，开展农村客运长效发展机制研究。出台农村客运资金扶持政策，编制农村客运资金支持专项补贴实施方案，统筹涉农资金优先用于农村客运。研究制定油价补贴退坡资金管理办法，推动退坡资金统筹用于农村客运车辆购置、保险、运营等，保障农村客运公交化运营线路、普通农村客运班线、预约响应式农村客运等几种基本农村客运形式长期健康运行。

6.5.3　加强用地保障力度，推动既有资源整合共享

研究制定农村物流用地保障政策，强化农村物流用地保障力度。建立重点农村物流基础设施建设用地审批绿色通道，提高审批效率。鼓励通过"先租后让、租让结合"等多种方式向农村物流企业供应土地。对列入当地物流业发展规划的农村物流节点新增建设项目，优先保障建设用地。鼓励利用现有客运站、村邮站等既有资源，按照"多站合一、一点多能"的原则进行改造提升，在实现办公场所、设施设备等资源共享的同时，有效提高土地使用效率。

参 考 文 献

[1] DOMINIQUE VAN DE WALLE. Impact Evaluation of Rural Road Projects[J]. Journal of Development Effectiveness, 2009, 1(1): 15-36.

[2] ADBULKADIR BOLAJI USMAN. Aanalysis of Condition of Rural Road Transport in KWARA STAT, NIGERIA[J]. European Scientific Journa, 2014, 10(5): 288-307.

[3] ATHANSSENAS A. Traffics Simulation Models for Rural Road Network Management [J]. Transportation Research, 2005, 33: 233-243.

[4] SAROLI C. Passenger Transport in Rural and Sparsely Populated Areas in France[C]// International Transport Forum Discussion Papers. Paris: OECD Publishing, 2015.

[5] GUILLERMO C. Areawide Performance-Based Rehabilitation and Maintenance Contracts for Low-Volume Roads [R]. Seventh International Conference on Low-Volume Roads, 2001.

[6] 朱雨晴. 四好农村路发展水平评价指标及模型研究[D]. 西安: 长安大学, 2019.

[7] 刘奇, 李旭宏. 农村公路网技术评价指标体系研究[J]. 交通运输工程与信息学报, 2007, 5(4): 105-109.

[8] 佟艳霞. 甘肃省农村公路"十一五"规划研究[D]. 西安: 长安大学, 2010.

[9] 赵莉. 基于通达和通畅指标的农村公路网评价[J]. 公路交通科技, 2008, 25(2): 118-122.

[10] 于艳春. 农村公路建设项目后评价研究[D]. 南京: 南京林业大学, 2011.

[11] 李月光, 吴小萍, 吕安涛, 等. 基于AI的农村公路养护管理评价方法研究[J]. 系统工程理论与实践, 2013, 33(6): 6.

[12] 叶小斌. 关于农村公路发展若干问题的探讨[J]. 经济师, 2007(5): 191-193.

[13] 张炜. 山区农村公路建设养护工作实践与思考[J]. 交通运输部管理干部学院学报, 2012(1): 41-43.

[14] 伍仕军. 山区农村公路桥梁建设与养护探讨[J]. 交通建设与管理, 2022(03): 94-95.

[15] 王敏. 四好农村路建设背景下农村公路建设规划策略研究[J]. 北方交通, 2021(2): 51-55.

[16] 郝大力, 王海燕, 刘蕾蕾, 等. 我国农村公路网合理发展规模研究[J]. 交通运输研究, 2022, 8(1): 2-11.

[17] 杜丽娟. 我国农村公路养护管理优化研究[J]. 四川建材, 2018, 44(5): 155-156.

[18] 李迎迎. 共同富裕背景下的"四好农村路"标准体系研究——以浙江省为例[J]. 交通建设与管理, 2022(03): 104-107.

[19] 徐荣荣. 需求响应型公交在农村客运中的应用研究[D]. 西安: 长安大学, 2015.